国家旅游局"万名旅游英才计划"双师型教师培养项目
广东教育教学成果奖（高等教育）培育项目
创新强校工程－社会培训包开发项目

服务型员工阶梯式素质提升培训与实践

张 颖 主 编

唐继旺 伍新蕾 副主编

东北财经大学出版社
Dongbei University of Finance & Economics Press

大连

图书在版编目（CIP）数据

服务型员工阶梯式素质提升培训与实践 / 张颖主编. —大连：东北财经大学出版社，2016.11

ISBN 978-7-5654-2573-8

Ⅰ. 服… Ⅱ. 张… Ⅲ. 企业管理-职工培训 Ⅳ. F272.921

中国版本图书馆CIP数据核字（2016）第282912号

东北财经大学出版社出版

(大连市黑石礁尖山街217号　邮政编码　116025)

网　　址：http：//www.dufep.cn

读者信箱：dufep@dufe.edu.cn

大连力佳印务有限公司印刷　　　东北财经大学出版社发行

幅面尺寸：185mm×260mm　字数：213千字　印张：10.5　插页：1

2016年11月第1版　　　　　　　2016年11月第1次印刷

责任编辑：张旭凤　　　　　　　责任校对：韩旭娟

封面设计：冀贵收　　　　　　　版式设计：钟福建

定价：36.00元

前言

"服务型员工阶梯式素质提升培训"得到河源职业技术学院创新强校工程项目社会培训包开发项目资助（编号：Hzy2016ybpxb05），也是国家旅游局2016年度"万名旅游英才计划"双师型教师培养项目"'校企生'三方互动的旅游管理专业实习满意度评价研究"（编号：WMYC20164-1144）、广东省教育教学成果奖（高等教育）培育项目"'校企生'三方互动的旅游管理专业职业核心能力评价体系构建与实践"（编号：20141093）的阶段性成果之一。

本书立足于服务型员工素质的阶梯式培训与实践，旨在帮助企业或单位培养员工良好的综合素养，以改善企业、单位的对外形象，优化员工工作氛围，紧扣职业型、服务型从业人员岗位及工作特点，改革传统培训的授课方式及内容，开发促动式、交流式员工阶梯式素质提升项目，并引入互动游戏及丰富案例内容，以充实全书内容体系。

本书旨在完整地呈现服务型员工阶梯式素质提升培训包开发成果，涵盖了项目导言、项目目标、互动导入、学一学、小结、挑战自我、拓展空间等系统化项目内容，充分体现了校企共同开发的代表性成果。各项目内容主要针对服务型企业员工素质提升实际需求，从4个方面进行培训课程研发，包括基本职业能力、职业素养专项、管理素养专项、管理人员内训等，形成了13个子项目呈阶梯式培训课程，并设计了培训测评与日常考核表格，以利于培训包的使用与执行管理。

在培训包的开发过程中，得到广东万绿湖旅游有限公司、广晟御临门温泉度假村、广东坚基集团、龙川县旅游局等近10家单位及企业的支持。通过建立与行业、企业有效对接的反馈、互动机制，对13个课程项目进行实战式授课检验，作针对性修改、补充，增强了项目内容的可行性、有效性。

本书由河源职业技术学院张颖老师担任主编，河源职业技术学院唐继旺老师、伍新蕾老师担任副主编，曾惠华老师、余丽老师、姜庆老师参编。张颖老师负责编写前言、第一篇项目概述、项目二、项目四、项目六、项目七、项目九、项目十、项目十一、项目十二，并对全书各项目进行统撰定稿；唐继旺老师负责编写项目三、项目五、项目八、项目十三及第六篇培训测评与日常考核；伍新蕾老师负责编写项目一；曾惠华老师参与编写项目四；余丽老师参与编写项目十一；姜庆老师参与编写项目十。本书配有丰富的项目资源，包括多媒体课件、案例、培训表格等，方便授课讲师参考和学员自学。

本书在编写过程中，得到了合作企业及行业相关人士的大力支持，他们提供了丰富的一线资料与前沿动态。同时，我们还参阅了大量的文献及网络资料，吸收了不少国内外同行的相关研究成果，由于篇幅有限，未能一一详列，在此谨表谢意！

因编写周期短，加之作者水平有限，书中难免存在疏漏之处，敬请各位专家、同行和读者批评指正。

编　者

2016 年 11 月

目录

第一篇　项目概述

一、项目课程总体设计

1.项目开发领域与研究内容

全书各项目内容立足于服务型员工素质的阶梯式培训内容，以改善企业及单位的对外形象、优化员工工作氛围为出发点，经过系统调研论证后，构建基本职业能力、职业素养专项、管理素养专项、管理人员内训等4个阶梯式子项目，13个专题课程（如图1所示），并改革传统培训的授课方式，开发互动式、交流式的创新型培训方法，以适应职业型、服务型从业人员岗位及工作特点，旨在帮助企业或单位培养员工良好的综合素养。

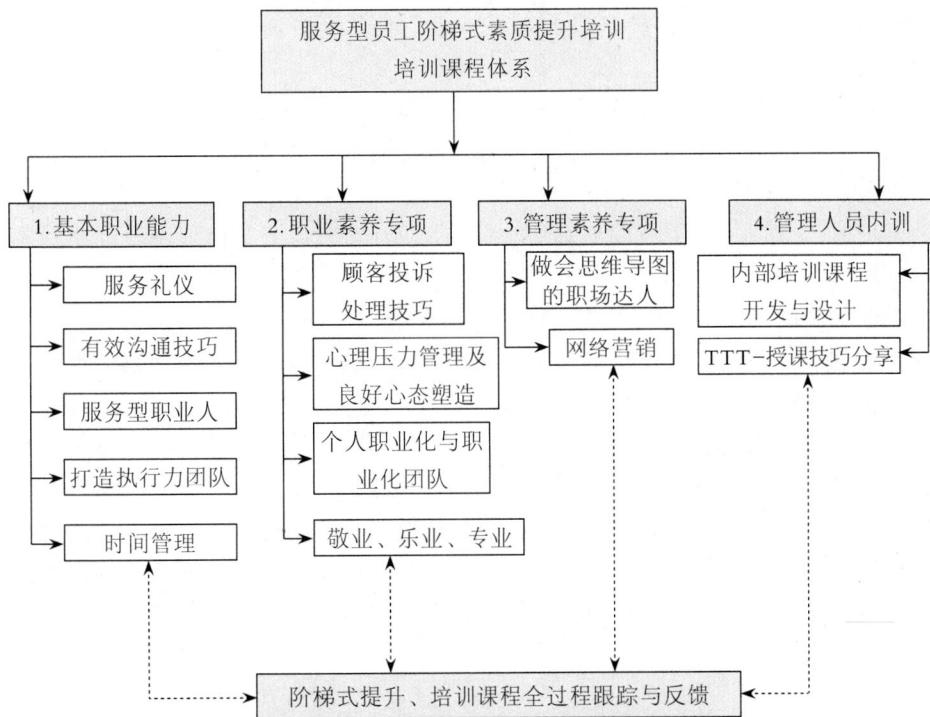

图1　服务型员工阶梯式素质提升培训项目框架图

2.项目开发的创新之处

项目针对"十三五"期间，各类服务型企业或单位员工素质培训的需求背景，以提高企业或单位的"软实力"与人员竞争力，尤其是员工的积极心态、良好沟通技巧等综合素质阶梯式培养为目标。开发团队根据企业实际情况量身定制内训方案，并加入最新的行业资讯、互联网+、企业文化等知识，系统地进行核心主题的交流式、互动式培训，积极改善员工个人心态、塑造良好形象，从而进一步帮助企业树立员工凝聚力、执行力。

二、项目开发执行过程

1.确定项目开发解决的问题

项目针对基本职业能力、职业素养专项、管理素养专项、管理人员内训这4个阶梯式子项目，开发团队调查各服务型企业培训需求，收集最新的行业资讯、旅游资源、典型案例、管理理念等，围绕服务型从业人员的素质修养、技能训练、服务心态、网络营销等主题，进行交流式、互动式培训课程开发，并通过企业定制式培训，检验培训包提高企业或单位的"软实力"、改善员工形象的有效性、可执行性。

2.确定各子项目开发的内容

基本职业能力：在服务礼仪、有效沟通技巧、服务型职业人、团队执行力、时间管理等方面，开发针对员工基本素质、行业准则的培训包，并进行项目可行性检验。

职业素养专项：在顾客投诉处理技巧，心理压力管理及良好心态塑造，个人职业化与职业化团队，敬业、乐业、专业等方面，针对职业团队及个人的提升，做专题培训包开发。

管理素养专项：基于互联网+的思维与行业背景，针对思维导图、网络营销等做专题培训包的研究。

管理人员内训：针对许多服务型企业中层骨干成为内训师必备的能力需求，研发内部培训需求调查、课程开发、授课技巧训练等内训师成长训练实践性课程。

3.项目开发的途径与方法

项目开发采取的途径包括团队成员到服务型企业进行专题调研、访谈，赴国内外院校及专业培训机构等学习开发经验，并参与国内培训机构的专题培训。项目课程开发后，均进行了企业培训实战检验，通过培训学员的满意度调研及反馈，进一步修改、完善课程体系及内容。整个项目开发形成企业需求调研—定制课程开发—专题课程实施—参训人员反馈—培训包针对性修订等完整的开发过程。

第二篇　基本职业能力篇

项目一　服务礼仪

项目导言

人们的日常生活离不开衣食住行，国际交往也与衣食住行密不可分。有人说，礼仪是一门综合性较强的行为科学，是人类文明进步的产物。也有人说，礼仪是一种工作能力，更是个人魅力。礼仪已日渐被我们熟悉和重视。就服务型企业而言，员工良好的服务礼仪素养，是企业塑造品牌形象的基石。

项目目标

◎认知现代礼仪的起源、发展与本质；

◎掌握礼仪的概念、服务的内涵以及服务礼仪的含义；

◎能从多维度视角解读服务行业运用礼仪的重要性；

◎了解服务礼仪实践与培养的基本途径；

◎清楚服务礼仪与形体训练的相互关系。

互动导入

一个周末的黄昏，一对老年夫妇，拎着沉重的行李来到了某酒店的前台，询问是否有空的房间。我们假设出现以下四种情况：第一位服务员详细检查了房态表，确定已全部入住后，告之客人没有。第二位服务员说："您把名字给我，我看看有没有房间。您没有订过位置吗？抱歉，没房间。"第三位服务员说："某先生，真抱歉，今天周末没有房间，你如果早点订就好了，你出去逛一逛等一等，我看看有没有不来的，让你候补。"第四位服务员说："真抱歉，没有房间，今天是周末，如果你早点订就好了。不过，我们这附近还有些不错的酒店，要不要我帮你试试看有没有房间？"接着，他拿出两张免费的咖啡券，请夫妇二人到大堂坐一下，等候查询。在查询到另一家酒店还有空位后立刻联系该家酒店，在告知这对夫妇，征得同意后请该酒店派车迎接。夫妇二人离开该酒店时，他们会说什么？

互动问题

请大家根据以上案例进行现场模拟，并思考两个问题：

（1）服务有品质区别吗？

（2）品质不同的服务给企业带来什么样的价值差异？

学一学

一、礼仪的起源

"礼"与古代祭祀有关。远古时期，由于社会生产力水平低下，原始人类认识自然的能力很低，无法解释变幻莫测的自然现象，认为自己无法驾驭的自然背后定有着神秘的力量在操纵，因此敬畏感油然而生。

原始人开始一厢情愿地用原始宗教仪式等手段来影响神灵，为自己的功利目的服务，如用祭祀、崇拜、祈祷、赞颂等，企图讨好神灵并期望以人们的虔诚来感化和影响自然神灵，以使其多赐福少降灾。祭祀活动中，参加的人把内心对神对祖先的信仰观念，以及崇拜、祈祷、赞颂等态度，通过一定程式加以外在化、客观化和具体化。原始人虔诚地向这些"神"和"祖"打恭跪拜，表示崇拜、祈求致福，于是，原始的"礼"便产生了。

有学者认为，"礼仪起源于交往"。在狩猎时代，原始人就已知道应有礼貌。那时，人类的祖先以打猎为生，世界对他们来说充满着危险。在打猎时，狩猎者相互间必须保持适当的距离。当不同部落里的人相遇时，如果双方都怀着善意，便各自伸出手掌，手心朝前，向对方表示自己手中没有石头或其他武器；走近之后，两人互相摸摸右手，以示友好。这一源于交往安全需要的动作沿袭下来，便成为今天人们常用的表示友好的握手礼。

> **延伸思考：**
> 你还知道其他传统节日的来历与习俗吗？

也有学者认为，"礼仪起源于习俗"。中国的传统节日形式多样，内容丰富，包含着各式各样的习俗。比如，关于端午节来历的一种说法是为了纪念战国时代楚国诗人屈原，他在五月初五这天投汨罗江自尽殉国。据说，屈原投汨罗江后，当地百姓闻讯马上划船捞救，一直行至洞庭湖，始终不见屈原的尸体。那时，恰逢雨天，湖面的小舟一起汇集在岸边的亭子旁。当人们得知是为了打捞贤臣屈大夫时，再次冒雨出动，争相划进茫茫的洞庭湖。为了寄托哀思，人们荡舟江河之上，此后才逐渐发展成为今日的龙舟竞赛。百姓们又怕江河里的鱼吃掉屈大夫的身体，就纷纷回家拿来米团投入江中，以免鱼虾糟蹋屈大夫的尸体，后来就有了吃粽子的习俗。如今，端午节吃粽子、赛龙舟都表达了对屈原的思念与尊重。古人云："礼出于俗，俗化为礼。"

现在约定俗成的礼仪规范许多就是源于我们古人日常生活中最易让人接受的习俗做法。

还有学者认为，"礼仪起源于人情"。以往的中原地区为农业社会，人情味浓厚，凡出外或回乡，为表关怀与礼数，都会携带随手的小礼物送给亲友。这些随手的伴手礼并不是价值不菲的名贵产品，而是信手拈来的小礼物，故在广东地区，伴手礼也被称为"手信"。古往今来，广府地区的人们世代相沿，新春佳节登门拜年或探亲访友、赠别饯行，常特意携带礼品致送。只是一份小小的伴手礼，却代表送礼者的心意，可谓礼轻情意重。进入现代社会，伴手礼已不只是着重于联系情感的一份随手小礼物，而成为商业营销各地名品及特产的专有名词，也为携带伴手礼的人提供现成的选择。一些具有地方特色的产品，都成了伴手礼的代名词。

知识点链接1-1——广州手信

"食在广州，味在西关"，广州最著名的"手信"莫过于食物，如广州酒家的香脆鸡仔饼、老婆饼，陶陶居的滋味蛋黄酥，泮塘五秀的弹牙马蹄糕，莲香楼的广式莲蓉月饼，北园酒家的鲍鱼酥，皇上皇的广式腊肠……真是琳琅满目。如果大家想把它们"一网打尽"，那您一定要移步广州荔枝湾涌手信一条街去亲自挑选。

关于礼仪的起源还有许多种说法，无论是哪一种，都有其道理。当礼从神事扩展到人事，礼的本质就脱离了原始朴素的敬天敬神内涵，而演化为维护人与人之间社会等级、社会分工。在现代社会，人人平等的现实社会制度使人们能以平等的心态进行社会交往。礼已摒弃了维护等级制度的本质，而成为协调人际关系的润滑剂。礼为人们灵活处理各种复杂的人际关系、避免摩擦、减少冲突、化解纠纷和矛盾，提供了手段和方法。同时，礼也为人们提供了表现个人价值和树立自身良好形象的最直接方式。无论是哪一条礼仪规范，都是在向他人、向社会、向自己表达尊重与平等。

二、礼仪的发展

礼仪孕育于商，成于周，发扬于孔子，一直延续到今天。礼仪在其传承沿袭的过程中不断发生着变革。从历史发展的角度来看，其演变过程可以分为五个阶段。

1.礼仪的起源时期：夏朝以前（公元前21世纪前）

礼仪起源于原始社会，在原始社会中、晚期（约旧石器时代）出现了早期礼仪的萌芽。整个原始社会是礼仪的萌芽时期，礼仪较为简单和虔诚，还不具有阶级性。内容包括：制定了明确血缘关系的婚嫁礼仪；区别部族内部尊卑等级的礼制；为祭天敬神而确定的一些祭典仪式；制定一些在人们的相互交往中表示礼节和表示恭敬的动作。

2.礼仪的形成时期：夏、商、西周三代（公元前21世纪—公元前771年）

人类进入奴隶社会，统治阶级为了巩固自己的统治地位，把原始的宗教礼仪发展成符合奴隶社会政治需要的礼制，礼被打上了阶级的烙印。在这个阶段，中国第一次形成了比较完整的国家礼仪与制度。如"五礼"就是一整套涉及社会生活各方面的礼仪规范和行为标准。古代的礼制典籍亦多撰修于这一时期，如周代的《周礼》《仪礼》《礼记》就是我国最早的礼仪学专著。在汉以后2 000多年的历史中，它们一直是国家制定礼仪制度的经典著作，被称为礼经。

知识点链接1-2——鞠躬礼的来历

鞠躬礼是中国、日本、韩国、朝鲜等亚洲国家普遍使用的传统礼节。鞠躬主要表达"弯身行礼，以示恭敬"的意思。虽然现在日本最讲究鞠躬礼，但鞠躬礼实际起源于中国。商代有一种祭天仪式，名为"鞠祭"，即将牛、羊等祭品不切成块，而是整体弯卷成圆的鞠形，再摆到供祭处奉祭，以此来表达祭祀者的恭敬与虔诚，这种习俗在一些地方保持到现在。人们逐步沿用"鞠躬"这种形式来表达自己对地位崇高者或长辈的崇敬，也成为现代人见面常用礼节。

3.礼仪的变革时期：春秋战国时期（公元前771—公元前221年）

这一时期，学术界形成了百家争鸣的局面，以孔子、孟子、荀子为代表的诸子百家对礼教给予了研究和发展，对礼仪的起源、本质和功能进行了系统阐述，第一次在理论上全面而深刻地论述了社会等级秩序划分及其意义。

孔子对礼仪非常重视，把"礼"看成是治国、安邦、平定天下的基础。他认为"不学礼，无以立""质胜文则野，文胜质则史。文质彬彬，然后君子"。他要求人们用礼的规范来约束自己的行为，要做到"非礼勿视，非礼勿听，非礼勿言，非礼勿动"，倡导"仁者爱人"，强调人与人之间要有同情心，要相互关心，彼此尊重。

> 人无礼则不立，
> 事无礼则不成，
> 国无礼则不宁。
> ——荀子

孟子把礼解释为对尊长和宾客严肃而有礼貌，即"恭敬之心，礼也"，并把"礼"看作是人的善性的发端之一。

荀子把"礼"作为人生哲学思想的核心，把"礼"看作是做人的根本目的和最高理想，"礼者，人道之极也"。他认为"礼"既是目标、理想，又是行为过程。

管仲把"礼"看作人生的指导思想和维持国家的第一支柱，认为礼关系到国家的生死存亡。

4.强化时期：秦汉到清末（公元前221—公元1911年）

在我国长达2 000多年的封建社会里，尽管在不同的朝代礼仪文化具有不同的社会政治、经济、文化特征，但却有一个共同点，就是一直为统治阶级所利用，礼仪是维护封建社会等级秩序的工具。这一时期礼仪的重要特点是尊君抑臣、尊夫抑妇、尊父抑子、尊神抑人。在漫长的历史演变过程中，它逐渐变成为妨碍人类个性自由发展、阻挠人类平等交往，禁锢思想自由的精神枷锁。纵观封建社会的礼仪，内容大致有涉及国家政治的礼制和家庭伦理两类。这一时期的礼仪构成中华传统礼仪的主体。

5.现代礼仪的发展

辛亥革命以后，受西方资产阶级"自由、平等、民主、博爱"等思想的影响，中国的传统礼仪规范、制度，受到强烈冲击。五四新文化运动对腐朽、落后的礼教进行了清算，符合时代要求的礼仪被继承、完善、流传，那些繁文缛节逐渐被抛弃，同时接受了一些国际上通用的礼仪形式。新的礼仪标准、价值观念得到推广和传播。

> **延伸思考：**
>
> 你知道握手礼是何时在中国广泛运用的吗？

新中国成立后，逐渐确立以平等相处、友好往来、相互帮助、团结友爱为主要原则的具有中国特色的新型社会关系和人际关系。

改革开放以来，随着中国与世界的交往日趋频繁，西方一些先进的礼仪、礼节陆续传入我国，同我国的传统礼仪一道融入社会生活的各个方面，构成了社会主义礼仪的基本框架。许多礼仪从内容到形式都在不断变革，现代礼仪的发展进入了全新的发展时期。大量的礼仪书籍相继出版，各行各业的礼仪规范纷纷出台，礼仪讲座、礼仪培训日趋红火，人们学习礼仪知识的热情空前高涨。讲文明、讲礼貌蔚然成风。今后，随着社会的进步、科技的发展和国际交往的增多，礼仪必将得到新的完善和发展。

三、礼仪的定义

互动活动——头脑风暴

请大家结合礼仪起源和发展的相关知识，用自己的语言来阐述对礼仪的理解。

> 礼仪是什么？
>
> _____
>
> _____

礼仪包括"礼"和"仪"两部分。"礼"，即礼貌、礼节；"仪"即仪表、仪态、仪容、仪式，礼仪是对礼节、仪式的统称。

礼仪是人们在各种社会的具体交往中，为了相互尊重，在仪表、仪态、仪式、仪容、言谈举止等方面约定俗成的、共同认可的规范和程序。"礼"是"仪"的灵魂，"仪"是"礼"的外壳，互为依存，缺一不可。

从广义的角度看，它泛指人们在社会交往中的行为规范和交际艺术。狭义来说，通常是指在较大或隆重的正式场合，为表示敬意、尊重、重视等所举行的合乎社交规范和道德规范的仪式。

无论从哪个视角来看待礼仪，礼仪都呈现出以下的特性：

延伸思考：

礼、礼仪、礼节、礼貌有什么区别与联系？

1.约定俗成性

这是礼仪最基本的特性。它说明礼仪规范的产生与形成不是以个人的意志为转移的，而是各种社会因素相互作用的产物，其根源在于社会心理的趋向。这种约定俗成性，通过交际行为表现出来，并被这一文化背景下的人们所理解和接受；同时又表现为某种精神的约束力牵涉着每个交际者，将他们的行为纳入一定的轨道，使其符合整体的利益需要。

知识点链接1-3——多元视角看礼仪

*个人修养：一个人内在修养和素质的外在表现。

*社会道德：为人处事的行为规范。

"道德仁义，非礼不成"。

2001年9月20日《公民道德建设实施纲要》中对公民"明礼"的规定。

*民俗：人们在交往过程中必须遵行的律己敬人的习惯形式，约定俗成的习惯做法。

"礼出于俗，俗化为礼"。

*交际：人际交往中实用的一门艺术，是一种交际方法，是人与人之间沟通的桥梁。

*传播：礼仪是一种在人际交往中，进行相互沟通的技巧。

*美学：礼仪是一种行为形式美，它是人的心灵美的外化。

2.绝对性和稳定性

其绝对性是说礼仪规范一旦形成，即为特定的社会群体或社会所普遍接受，共同遵守，若有谁违反了这一规范，则会遭到群体或全社会的抛弃。其稳定性是说，礼仪作为道德范畴的行为规范，它形成后会在较长时期内为群体成员或社会全体成员所接受。如服饰习惯、日常的礼貌礼节、某种形式的典礼仪式等。

3.礼仪的相对性

在一定范围和一定时期具有绝对性和稳定性的礼仪规范，也有其相对性的一面，这一方面体现在礼仪会随时代环境的变化而变化，稳定之中含有相对的变迁，许多传统的、不符合新时代的礼仪会随时间的流逝而成为历史的陈迹。如中国的三拜九叩的礼节早就被抛弃。另一方面，礼仪的相对性表现为个体的差异性，差异性也是礼仪的一个重要特征。

4.礼仪的文化内涵性

礼仪实则是一种文化理念和这一理念在形式上的外显，这是中外文化学者的共识。不同的历史传统、宗教信仰的生活习俗造就不同的礼仪行为规范体系。礼仪中所蕴含的文化，实际上就是一个民族的历史、宗教信仰、生活习俗和也是其精神的一个象征。

四、服务的内涵

几乎每一个人对"服务"一词都不会陌生，但如果要回答"什么是服务"，将其透彻诠释却不容易。"服务"也和"管理"一样，很多学者都给它下过定义。但由于它的无形性以及应用的广泛性，很难简单地进行概括。我们可以从多角度对服务进行解读，如图1-1所示。

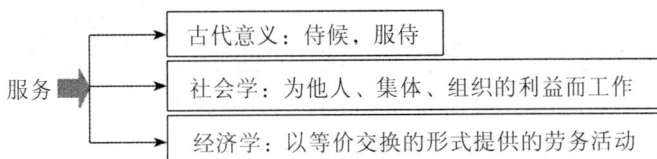

图1-1　服务的多角度解读图

"服务"在古代是"侍候，服侍"的意思，随着时代的发展，"服务"被不断赋予新意，如今，"服务"已成为整个社会不可或缺的人际关系的基础。社会学意义上的服务，是指为别人、为集体的利益而工作或为某种事业而工作，如张先生在邮电局服务了十五年。经济学意义上的服务，是指以等价交换的形式，为满足企业、公共团体或其他社会公众的需要而提供的劳务活动，它通常与有形的产品联系在一起。因此，有学者总结说，服务是指为他人做事，并使他人从中受益的一种有偿或无偿的活动，不以实物形式而以提供活劳动的形式满足他人某种特殊需要。

在当今服务经济的时代，服务已经不仅仅只是酒店、餐饮、旅游、商场、超市等服务行业的事情，而是每一个企业和组织都必须重视的事情。随着科学技术的进步，生产技术的普及速度加快，产品匀质现象越来越明显，因此，企业为了取得竞争优势，把原来产品整体概念中的附加产品层次——服务，作为非价格竞争的一个单独要素予以重点考虑也就势在必行。在同等价格、同等品质的前提下，服务已然成为企业实施差别战略、创建比较竞争优势的一个重要砝码。每个企业，不管在今天的定义中是否是服务企业，都不得不学会适应新形势下的服务竞争。

知识点链接1-4——服务人眼中的"Service"

服务是为客户提供"享受体验"的一种过程，它是技巧与态度的结合。众所周知，服务的英文是"Service"，那么你知道在服务人眼中它代表了什么吗？请看图1-2。

S=Smile　　　　微笑
E=Excellent　　 优秀
R=Readiness　　 准备
V=Viewing　　　 观察
I=Inviting　　　邀请
C=Creativeness　创造性
E=Eye　　　　　关注

　　微笑是打开客我沟通大门的一把万能钥匙。优秀的我们时刻准备欢迎您的到来，在服务过程中细心观察着，时刻关注着您的需求，并不断改进自己。

　　我们诚挚地邀请您再次前来体验创造性的高品质的定制服务。

图1-2　服务人眼中的"服务"

五、服务的特性

相对于有形产品，服务的特性到20世纪70年代才被重视。服务营销学者斯坦通指出："服务是一种特殊的无形活动，它向客户或工业用户提供所需的满足感，它与其他产品销售和其他服务并无必然联系。"因此，服务具有无形性，其中蕴含着微妙的心理感知和情绪体验，能给客户带来某种利益或满足感，比如需求探寻、客户维系等。与此同时，服务是一种外在表现形式，它是发生在服务人员与客户之间的交往活动，所以服务也是有形的，因为它可以通过具体的服务行为来体现，比如客房送餐、产品咨询等。

服务有时也被称为产品，如金融公司推出的理财项目、保险公司保单、旅游企业开发的旅游项目等。对于服务管理及营销来说，清楚地知道产品与服务的区别至关重要。

有形产品与服务的比较见表1-1。

表1-1　　　　　　　　　　有形产品与服务的比较表

	有形产品	服务
性质	一种物品	一种行为或过程
形式	同类产品具有相似的形状	形式相异
生产	生产、销售与消费不同时发生	生产、销售与消费同时发生
价值	核心价值在工厂里被创造出来	核心价值在买卖双方接触中产生或体现
顾客参与	顾客一般不参与生产过程	顾客需要参与生产过程
存储	可以存储	不可存储
所有权	所有权可以转让	无所有权转让

事实上，由于有形产品和服务最终都是为了满足人类的需求，只是在满足的过程中有的是纯粹的行为，而有的必须伴随有形的物品，或反过来说，有的是提供有

形物品，有的必须伴随相关服务。服务产品与有形产品相比，许多地方是相同的，其相同点主要有：

1.最终目标一致

有形产品和服务都是以满足人们的需求为首要目的而开发设计和生产的。服务产品能够直接满足人们的需求；而有形产品大多需要通过自己的劳动或其他的辅助功能才能满足人们的需求，如洗衣机需要自己操作、汽车需要自己驾驶、电视机需要有电视台的节目传送、手机需要有无线通信服务提供商等。

2.具有使用价值和交换价值

使用价值说明其所具有的功能性，无论是有形产品还是服务，都具有一定的功能，能够达到或实现一定的目的。对于有形产品而言，其使用价值是很明显的，如汽车能载人、载货跑运输，完成将人或物从一个地方传送至另一个地方的任务；服务也是一样的，如公共交通同样能将人或物从一个地方传送至另一个地方，达到相同的目的。

交换价值是指他们可以在市场上自由交易。他们都是商品，可以在市场上进行买卖。有形物品购买的是物品本身，服务购买的则是结果。

3.遵循一般的市场规律

服务和有形产品都是商品，只是属性不一样。除了上述的自由交换外，产品的设计、开发和营销，市场的垄断和竞争等，都遵循一般的市场规律。但由于其本质属性有别，某些方面会有差异，比如服务的无形性会导致其无法实现专利保护、服务的不可存储性导致其生产销售需同时进行等。服务管理研究的内容主要集中在其所具有的特性上。

通过服务与传统有形产品的对比分析，我们进一步总结得出服务的特性，见表1-2。

表1-2　　　　　　　　　　　　　　　　**服务特性及描述**

特性	描述
无形性	服务多为一种行为、过程，不可触摸； 服务不易展示和沟通，服务不涉及物品的所有权转移； 服务难以定价与申请专利
异质性	服务商品的最终形成与顾客有关； 服务生产与顾客满意和员工的行为有关； 服务质量受许多不可控因素影响； 服务生产难以按服务计划进行，也难以进行规模生产
不可分离性	顾客参与并影响交易； 员工影响服务结果； 顾客之间相互影响
不可储存性	无法在消费之前生产与储存； 供应与需求矛盾较大； 通常不能退货或转售

案例分享1-1

　　四川火锅闻名全国，有许多家餐饮企业做得红红火火，其中有一家因其特色的服务而闻名遐迩。无论是餐前等候服务，餐中贴心服务还是餐后惊喜服务，都得到广大食客的交口称赞。为何它会如此重视服务的创新？这里有个有趣的小故事和大家分享一下。

　　在创业初期，老板开了一家火锅店，但是因为没有什么噱头，所以一直很少有客人光顾，有一天晚上店里终于招揽来了五六个人的生意，于是老板非常高兴，赶紧忙前忙后，食材也是能多给就多给，希望可以留下回头客，服务那当然更是细致周到。客人点了很多食物，但是最后剩下不少。结账时，老板问大家："各位吃得好吗？味道还满意吗？"大家都点点头说："不错，不错。"这毕竟是老板的第一桩生意，于是等客人离开后，老板亲自尝了下自己调制的锅底，可是当他把东西涮熟后刚放进嘴里就吐了出来，因为没有经验，药材放的太多，使得锅底苦得难以下咽。但因为老板的服务很好，所以客人没有一个埋怨的。就这样，这家企业把"服务"作为第一宗旨开始经营起来。所以现在很多客人一提到去这家火锅店，就会说："走，去享受上帝的待遇去吧。"

　　资料来源：根据相关资料整理。

　　【思考】请结合本案例分析，企业推崇服务与服务礼仪的意义何在？

六、服务礼仪的内涵

　　通过以上案例，我们发现，我们在各项服务中要注重自身的仪容、仪表、仪态、语言、操作等规范，热忱地向客人提供主动、周到的服务，既展示了我们的气质、风度、修养与素质，更有效地与客人建立起和谐的服务关系。这个过程，不仅仅使客人感到备受尊重，无形中还会影响客人的行为与表达，使得我们双方均得到愉快的心理感受，甚至建立起合作友谊。这就是服务礼仪的魅力所在。

　　可见，服务礼仪是服务行业人员必备的素质和基本条件。服务行业人员可以通过强化自身的仪容礼仪、仪表礼仪、仪态礼仪、语言艺术与岗位规范等方面来提升自己的服务礼仪，将无形的服务有形化、规范化、系统化、优质化。

　　具体来说，服务礼仪包括以下四个方面：

　　◎ 服务仪容是指服务人员的相貌和面容，特别是要注意头部、肢体等暴露在外的地方，做好发型修饰、面部修饰、肢体修饰，女性服务人员还要强调得体雅致的工作妆容。

　　◎ 服务仪表是服务人员的外表，集中体现在服装修饰上，主要有工作制服、日常装束、配饰物品等方面。

　　◎ 服务仪态就是服务人员的身体姿态与面部表情，包括人的站姿、坐姿、行姿、手势、表情及身体展示的各种动作等方面。同时，我们更要关注这些身姿动作所带来的肢体语言。

◎ 服务语言是服务人员与客人沟通过程中所使用的语言，包括话语的实际内容、语音、语调、语速、语气等。

课堂活动1-1——小游戏

请学员两人为一组，用双手搭建"人"字给对方看。

讲师现场拍摄出不同的"人"字的组合，并请大家来分析哪种是真正的"人"字，同时请大家考虑下这个游戏有什么深层意义。

七、服务礼仪实践的基本方法

服务礼仪本身是一门实践艺术，因此学习礼仪，务必要坚持知行合一，学以致用。

1.循序渐进

学习服务礼仪不可贪多求全，从与自己生活最密切的环节开始，从自己工作岗位的服务礼仪做起，往往可以事半功倍。学习服务礼仪是一个循序渐进的过程，对一些礼仪规范与要求，必须反复运用和体验，才能真正掌握其精髓。

2.自我监督

古人强调"吾日三省吾身"，说明提高个人的修养必须注意反躬自省。同样，学习服务礼仪，也应时时处处进行自我检查。这样，将有助于发现缺点找出不足，不断总结技巧，提高自我修养。

3.反复实践

学习服务礼仪关键在于实践，见诸行动。修养，既要修炼又要培养，离开实践，修养就成为无源之水，无本之木。在践行服务礼仪时，要以主动积极的态度，坚持理论联系实际，将自己学到的服务礼仪知识积极地应用于社会生活实践的各个方面。要在服务岗位、生活、社会等场合中，时时处处自觉地从大处着眼，小处着手，以礼仪的准则来规范自己的言谈举止。多实践，就不要怕出"洋相"，丢"面子"，克服自己的心理障碍，才能从骨子里不断提升。

4.把握重点

服务礼仪修养的提高，还应当有主有次，抓住重点。服务礼仪的重点，就是那些对服务活动具有普遍指导意义的主要原则。比如，"以右为尊原则"适用于整个现代服务与社交活动场合，在正式场合必须遵守的着装"TPOR原则"实际上对礼仪学习的很多方面都有指导意义。对于礼仪的主要原则，我们都要尽可能地加以掌握，这样才能举一反三，掌握精华，以点带面。此外，在服务礼仪实践过程中，重点要注意初次交往、因公交往、涉外交往中的礼仪运用。

> 缺乏文化熏陶的完美只是半成品的完美。
> ——佚名

5.内外兼修

礼仪是心灵的写照。若想长期从本质上提高自己的文明礼貌修养，还必须有意识地广泛涉猎科学文化知识，使自己具备广博的综合知识素养。一般而言，有修养的人思考问题周密透彻，处理问题得当，欣赏力强，能更好地塑造个人形象，正如古人所说"腹有诗书气自华"。相反，科学文化知识贫乏的人，则往往在交往时给人以浅薄的印象。我们既要如饥似渴地吸收知识，更要重视精神熏陶，注重个人道德品质修养的塑造，努力使自己成为趣味高雅、才智精纯、意志明晰的人。

课堂活动1-2——情景模拟

请大家将以下四种"反说"优化为"正说"，并以情景模拟的形式展示出来。

反说例句1："先生，这里不许吸烟！"

正说方式：

反说例句2："对不起，您的房间还没有收拾好。"

正说方式：

反说例句3："这一件您不用试！您这么胖，哪能穿得下？"

正说方式：

反说例句4："这件是折扣商品，没有三包，您想清楚再买。"

正说方式：

项目小结

◎核心概念：礼仪；服务；服务的特性；服务礼仪的内涵；服务礼仪的五种实践方法。

1.礼仪的核心就是尊重。

2."礼"是"仪"的灵魂，"仪"是"礼"的外壳，互为依存，缺一不可。

3.我们需要用长远的眼光看待服务所带来的经济效益与社会效益，不断提升服务的品质，不断强化服务的创新，这才能带来企业的永续盈利成长。

4.从个人角度来看，学习服务礼仪有助于展示并完善个人修养、学习服务礼仪有助于塑造并美化自我形象、学习服务礼仪有助于协调并改良互动沟通。

5.从社会角度来看，注重服务礼仪有助于营造良好的企业内外部环境，注重服务礼仪有助于提升企业的服务质量与价值，注重服务礼仪有助于改良组织形象与社会风气。

6.服务礼仪本身是一门实践艺术，因此学习礼仪，务必要坚持知行合一，学以致用。

7.服务礼仪是服务行业中"人情味"最浓的因素，只有将服务礼仪配合优质服务贯穿于服务业中的各个环节，才能真正打动人心。

8.服务业提出"客户永远是对的"这一口号，并不意味着"服务员总是错的"，而是要在"客户不对自己对"的时候，也要尊重客户，把"对"让给客户。在客我交往中，能"把对让给客户"是服务礼仪精髓的体现。

挑战自我

影视推荐——《窈窕绅士》

2009年9月，由著名演员孙红雷与林熙蕾领衔主演的电影《窈窕绅士》上映，这是一部与礼仪有关的电影，看过的人在欢声笑语中都会对礼仪有了进一步认识。孙红雷先生饰演的男主角是一位成功的农民企业家，淳朴但大大咧咧的他爱恋上一位颇有名气的女模特。为了结识这位模特，他煞费苦心，不仅制造自己与她相遇的机会，更是精心地修饰自己。一套白色的三件套西装，配上白色鸭舌帽、墨镜、粗大的金项链、层层叠叠的手环、硕大的金戒指……他把自己全副武装起来。可是，这样的行头非但没有给女模特留下良好的印象，倒是留下此人是"土豪"的深刻认知。见面之时，他特别高兴，不停地向女模特套近乎，唐突的话语，夸张随意的肢体动作，使得女模特对他敬而远之。为了成功牵手女模特，他邀请林熙蕾扮演的女强人帮助他制定内外兼修的礼仪训练模式，最后令他呈现出脱胎换骨的转变。你想知道这是怎样的全面绅士改造计划吗？请观看《窈窕绅士》，并根据影片内容制订自我改造计划。

拓展空间

服务蓝图

服务蓝图是详细描画服务系统的图片或地图，服务过程中涉及到的不同人员可以理解并客观使用它，明确自己在服务流程中的角色与权责。服务蓝图包括客户行为、前台员工行为、后台员工行为和支持过程。服务蓝图的绘制是根据不同组织具体情况而变化的，因此所有的特殊符号、蓝图中分界线的数量，以及蓝图中每一组成部分的名称都可以因其内容和复杂程度而有所不同。图1-3展示了最基本的服务接触过程蓝图。

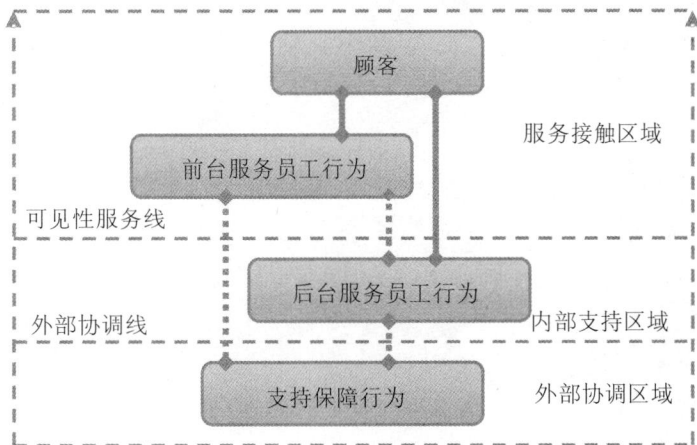

图1-3 服务接触过程蓝图

通过以上服务接触过程蓝图的展示，我们清楚地发现服务性企业最直接面对客人的是第一线的窗口员工。如果员工得到企业的尊重，拥有较高的满意度，他在工作中的表现就会更加理想，以精神饱满的状态为客人提供服务。因此，服务性企业里流行这样一句话"如果您的企业想拥有满意的客人，首先必须有满意的员工"。企业内部上下级之间、同事之间都以礼相待、互相尊重，服务礼仪的践行有助于创造一个和谐进取、文明健康、团结奋进的内部人文环境。

服务礼仪是企业文化的外化表现，反映着员工个人品位、信心、修养，展示着企业的管理风格、道德水准、文明程度。服务的过程既是商品货币交换过程，更是人的情感交流的过程。一句亲切的问候，一次理解的微笑，犹如春风吹暖顾客的心，缩短与客人的距离。服务礼仪更是服务关系和谐发展的调节润滑剂，注重服务礼仪能促使服务各方保持冷静，缓和、避免不必要的服务矛盾冲突与情感对立，建立起和谐的服务关系。可以说，规范优质化的礼仪服务，能够最大限度地满足客人在服务中的精神需求。服务礼仪使服务人员与客人之间更好地交流与沟通，帮助妥善处理服务纠纷问题，形成正面积极的口碑效应，营造出良好的企业外部环境。

项目二　有效沟通技巧

项目导言

　　沟通无时不在、无处不在，善于沟通的人，得朋友得客户得天下；不善于沟通的人害怕沟通，不愿意沟通，导致人际关系紧张、工作效率低、业绩不够理想。沟通是每个人都应该学习的课程，提高自己的沟通技能应该上升到战略高度。我们每个人都应该高度重视沟通，重视沟通的主动性和双向性，只有这样，我们才能够进步得更快，企业才能够发展得更顺畅更高效。课程将以沟通的起点——用什么样的心境来沟通，沟通的圆点——怎样沟通才能取得圆满的沟通效果展开交流。课程将以企业实例为载体，以沟通技巧训练、职业素养提升为重点，梳理沟通时的注意事项有哪些问题？通过现场具体素质训练、互动游戏等主题单元，做交流、互动式培训。

项目目标

　　◎认知沟通的四种基本形态；

　　◎掌握语言沟通技巧；

　　◎清楚非语言沟通的艺术和技巧；

　　◎能进行上下沟通、平行沟通；

　　◎清楚沟通对个人职业素养提升的重要意义。

互动导入

　　春秋战国时期，耕柱是一代宗师墨子的得意门生，不过，他老是挨墨子的责骂。有一次，墨子又责骂了耕柱，耕柱觉得自己真是非常委屈，因为在许多门生之中，大家都公认耕柱是最优秀的人，但又偏偏常遭到墨子责骂，让他非常没面子。一天，耕柱愤愤不平地问墨子："老师，难道在这么多学生当中，我竟是如此的差劲，以至于要时常遭您老人家的责骂吗？"墨子听后，毫不动肝火："假设我现在要上太行山，依你看，我应该要用良马来拉车，还是用老牛来拖车？"耕柱回答说："再笨的人也知道要用良马来拉车。"墨子又问："那么，为什么不用老牛呢？"耕柱回答说："理由非常简单，因为良马足以担负重任，值得驱遣。"墨子说："你答得一点也没有错，我之所以时常责骂你，也是因为你能够担负重任，值得我一再地教导与匡正你。"

互动问题

请大家根据以上案例进行现场研讨，并思考两方面问题：

（1）个人能够从这个故事中获得什么样的感悟？

（2）对企业的沟通管理有哪方面的启示？

学一学

一、什么是沟通？

简单而言，沟通是指交流观点和看法，寻求共识，消除隔阂，谋求一致。由此可见沟是手段，通是目的。在人们的现实生活中，许许多多的不愉快、不顺畅、难堪、挫折、失败、不幸，均或多或少与缺乏沟通或沟通不成功有关系。

英国学者帕金森有一个著名定律——帕金森定律："因为未能沟通而造成的真空，将很快充满谣言、误解、废话与毒药。"家庭之间，朋友之间，人与人之间，无不需要经常性的沟通，经常性的交流。沟通对事业尤为重要，没有沟通，其体系组织就不会有凝聚力和向心力。沟通是联络感情的纽带，是通向友谊的桥梁，是事业成功的基础。

二、沟通的层次

1.一般性交谈

一般性交谈为社交应酬式交谈，多为应酬需要，也可以是建立下一步沟通的开始。如"吃晚饭了吗？""有空来玩啊！""最近过得还好吧！"

2.陈述事实

陈述事实是将已经发生的事情表述清楚，不涉及个人感情、好恶、看法、评价。这是相互了解与沟通的第一步，对于了解相对完整的事实与经过很重要。

3.交流看法

交流看法是较高层次的沟通，即相互交流、分享个人的想法与判断。当沟通到达这一阶段时，相互的信任基本建立起来了，或者是有较明显的解决冲突的愿望。

4.分享感觉

某个人对某件事情，不仅有看法，还会出现相应的情绪感受与反应。在分享感觉这个阶段，相互的信任完全建立，这是沟通的最有效阶段。

三、沟通的四种基本形态

沟通，根据信息载体的不同，可以分为语言沟通与非语言沟通；根据途径的异同分为正式沟通与非正式沟通。沟通的基本形态包括倾听、说话、阅读、书写，其中沟通的行为比例一般是：倾听占40%、说话占35%、阅读占16%、书写占9%。

1.倾听

倾听是凭借听觉器官接受语言信息，进而通过思维活动达到认知、理解的全过程，要达到理想的倾听效果，共情最重要。共情是由英文"empathy"翻译而来的，特指能体验他人精神世界的一种能力。例如，企业进行战略决策时，管理人员虽然对策划方案有不同的观点，但一个经理对另一个经理说："王经理，我完全赞同你的观点。"总结起来一句话：共情不是站在我的立场上看你的问题，而是我站在你的立场理解、接纳你的情绪，并且通过我的语言表达出你的情绪。

知识点链接2-1——共情的具体技术

1. 认真地倾听。

2. 进入他人的内心世界，在头脑中形成一个陈述来描述这个人的内心正在发生的事情。

3. 去除那些不会马上被别人认同的话和想法。

4. 现在告诉对方你认为他是如何期望、如何感受、如何思考的。

5. 以能表达欣赏、尊重和同情的方式说话、行事，你可以稍后再告诉对方你是否同意他所说的话。

6. 做好接受对方对你的表达做纠正的准备。

对方讲一些自己感兴趣的话题、赞美自己的话语，通常大家都会乐意听。但对于自己不感兴趣的信息而且必须要倾听时，就要求我们掌握倾听的技巧：

良好的心态——倾听涉及沟通双方生理、心理、情感和智力等多种因素，具有明显的情绪化特点。一般情况下，一个人心境平和则倾听投入，富有成效。若心境烦乱，则话不入耳，效果不佳。可见，保持良好的心态是倾听者必须具备的心理素质和情感基础。

集中精力——不能有效地倾听，很大程度上是注意力不集中造成的。所以，要不断调整自己的注意力。注意力集中了，不但能使你倾听到信息发送者的言内之音、言外之意，还能获得信息发送者的好感。因为对方能从你的态度中感受到你对他的尊重。要集中精力，一个有效的办法就是把说话者看成是自己敬重的上级在传达与自己利益相关的信息。在"重要人物"发布"重要信息"的心理暗示下，能有效地将自己的注意力集中在倾听上。

明确目的——倾听目的越明确，就越能激励、督促交谈双方排除外界干扰，紧紧围绕所确定的目标去倾听、去思考，从而实现有效沟通，获取大量所需信息。

适时反应——倾听时应注意与对方目光交流，并动态地根据对方的谈话内容，灵活运用各种有利于对方理解的神态和动作，如点头、微笑、专注、皱眉、迷惑，及时反馈自己的兴趣、感情和理解程度，以鼓励对方继续交谈。还可适时地巧妙提问，使自己获得更多更完整的信息。

2. 说话

说，亦是指表达技术，"说"可以增加别人对你的价值观、感受以及期望的觉察和理解。"说"能够降低人们在听你讲述的过程中可能会感受到的愤怒、忧伤和防御。这一点在日常的谈话中不是那么重要，但在你试图去解决与他人的冲突或矛盾时就非常重要了。

🔍 知识点链接2-2——表达技术的几个原则

1．在你表达自己的观点之前，先要表达一下你对他们的立场和观点的理解。一定要确保你所说的话能够让他们觉得自己是被理解的，你不希望让他们有防御。

2．做你所说的话的权威。你是自己的信念、想法和感受的绝对权威。只说你认为正确的、你想要表达的、你感受到的、你觉察到的。这个叫作"主观化"。

3．如果你希望别人改变的话，一定要具体地指出你想要的变化。

4．适时地肯定与赞美。即使在对方有不对的时候，也应就事论事，对于他的优点要给予充分肯定，可以减少对方的防御或者挫败感，更好地进行沟通。

5．自我暴露。把自己的短处或者自己的部分隐私展示给别人看，同样可以降低对方的防御，增加亲切感。

"说"是指人们借助一套共同的语言沟通规则交流情感、互通信息的双方或多方的语言活动。"说"在人际交往中有着十分重要的意义。人类语言，开始就是起源于有声语言，就是人们用来彼此交谈的。随着人类社会的进步，人类思维能力的发展，语言也在不断发展，人类的交谈逐渐频繁起来。到了现代社会，人与人之间的语言交流已成为人们日常生活中最主要的沟通方式。

🖌️ 互动活动2-1——如何记忆关键字

活动目的：

❖ 提供一种已被证实的、确实有效的方法来记忆枯燥的、没有联系的事物。

操作程序：

1．我们通过关联法来学习，认识大多数事物。这项练习会提供一个简单快速记忆十个关键字的方法。为简便起见，我们用教室作为联系物。

2．先给教室的每堵墙和每个角落指定一个数字，如图2-1所示。地板是9，天花板是10。讲师和学员一起一遍遍复习这些数字的指向。如"这堵墙是几？"直到学员准确记住10个数字的指向。

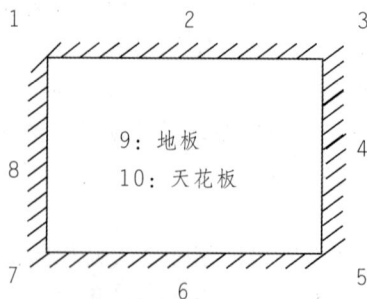

图2-1 数字位置示意图

3. 然后我们给每个数字确定一个具体的事物。

4. 教室中每个数字确定的具体事物，见表2-1。

表2-1　　　　　　　　　**教室中每个数字确定的具体事物**

1	（角落）	洗衣机	6	（墙）	炸弹
2	（墙）	炸弹	7	（角落）	小汽车
3	（角落）	公司职员	8	（墙）	运货车
4	（墙）	药	9	（地板）	头发
5	（角落）	钱	10	（天花板）	瓦片

5. 为了快速有效地记住每个指定的具体事物，我们非常有必要赋予每个事物一个不寻常的、傻乎乎的，甚至是过分夸张的视觉效果。比如，"1是一台很大很大，足足有10米高的洗衣机。它正在洗衣服，弄得到处是水。"而你必须去想象这个情景，就像亲眼看见一样。"2呢，假想那堵墙坍塌了下来，因为有一枚炸弹爆炸了。""3呢，看，一个2米高的公司职员戴着一顶可笑的白帽子，从那个角落朝我们笔直地走了过来。"就这样，赋予每个数字和事物以视觉效果。

当学员通过这个方法有效记住10个相互之间毫无关联的事物后，讲师告诉学员："把10个关键字的记忆方法收入你的记忆库中。下次当你要回想那10个关键字时，就想想你在这个房间每堵墙、每个角落，天花板和地板上所看到的那些傻乎乎的夸张景象。记住，你所设想的东西越夸张，你以后越能轻易地回想起来"。

游戏总结：

关联法是一种有效的记忆和学习方法，因为人们总是容易记住那些生动鲜明的画面，而很难记住枯燥乏味、毫无联系的事物。作为讲师，当需要使学员必须记住一些枯燥的东西时，可使用此法。

3. 阅读

阅读是从视觉材料中获取信息的过程。视觉材料主要是文字和图片，也包括符号、公式、图表等。首先是把视觉材料变成声音，之后达到对视觉材料的理解。阅读是一种主动的过程，也是增强沟通技巧的重要方式，读书的方法多种多样，下面介绍常见的十种方法。

①读

泛读即广泛阅读，指读书的面要广，要广泛涉猎各方面的知识，具备一般常识。不仅要读自然科学方面的书，也要读社会科学方面的书，古今中外各种不同风格的优秀作品都应广泛地阅读，以博采众家之长，开拓思路。马克思写《资本论》时曾钻研过1 500种书，通过阅读搜集了大量的材料。

②精读

朱熹在《读书之要》中说："大抵读书，须先熟读，使其言皆若出于吾之口；

继以精思，使其言皆若出于吾之心，然后可以省得尔。"这里"熟读而精思"，即是精读的含义。也就是说，要细读多思，反复琢磨，反复研究，边分析边评价，务求明白透彻，了然于心，以便吸取精华。对本专业的书籍及名篇佳作应该采取这种方法。只有精心研究，细细咀嚼，文章的"微言精义"，才能"愈挖愈出，愈研愈精"。可以说，精读是一种最重要的读书方法。

③通读

通读即对书报杂志从头到尾阅读，通览一遍，意在读懂、读通，了解全貌，以求一个完整的印象，取得"鸟瞰全景"的效果。对比较重要的书刊可采取这种方法。

④跳读

这是一种跳跃式的读书方法。可以把书中无关紧要的内容放在一边，抓住书的筋骨脉络阅读，重点掌握各个段落的观点。有时读书遇到疑问处，反复思考不得其解时，也可以跳过去，向后继续读，就可前后贯通了。

⑤速读

这是一种快速读书的方法，即陶渊明提倡的"好读书，不求甚解"。可以采取扫描法"，一目十行，对文章迅速浏览一遍，只了解文章大意即可。这种方法可以加快阅读速度，扩大阅读量，适用于阅读同类的书籍或参考书等。

⑥略读

这是一种粗略读书的方法。阅读时可以随便翻翻，略观大意；也可以只抓住评论的关键性语句，弄清主要观点，了解主要事实或典型事例。而这一部分内容常常在文章的开头或结尾，所以重点看标题、导语或结尾，就可大致了解，达到阅读目的。

⑦再读

有价值的书刊不能只读一遍，可以重复学习，"温故而知新"。著名思想家、文学家伏尔斯泰认为"重读一本旧书，就仿佛老友重逢"。重复是学习之母。重复学习，有利于对知识加深理解，也是加深记忆的强化剂。

⑧写读

古人云："不动笔墨不读书"，俗语也有"好记性不如烂笔头"之说。读书与作摘录、记心得、写文章结合起来，手脑共用，不仅能积累大量的材料，而且能有效地提高写作水平，并且能增强阅读能力，将知识转化为技能和技巧。

⑨序例读

读书之前可以先读书的序言和凡例，了解内容概要，明确写书的纲领和目的，有目的地进行阅读。读书之后，也可以再次读书序和凡例，以便加深理解，巩固提高。

⑩选读

选读就是读书时要有所选择。古往今来，人类的文化宝藏极为丰富。一个人的精力毕竟有限，如果不加选择，眉毛胡子一把抓似的读书，就不会收到好的效果。可以结合自己的情况，有针对性地选择书目，进行阅读，这样才能达到事半功倍的效果。

4.书写

书写，指写、抄写。在日常沟通过程中，确定恰当的写作文体、掌握适当的写作流程，同样非常有利于展示个人见解，达到积极的沟通效果。

案例分享2-1

韩非子是我国古代战国晚期的韩国人，也就是现今的河南省新郑地区，他是我国古代法家的代表人物；是一位著名的思想家、政治家、哲学家韩非子出身于韩国贵族，他是韩王歇的儿子，从小天资聪慧，也非常有才学，虽然不善于言语表达，但是却非常善于著书之说。

韩非子的著作《韩非子》也是他这一生最大的成就，"法治"思想成了中国第一个统一的中央集权的思想之路。他的文章中政策推论有理有据，构思严密。韩非子也善于运用许多寓言故事讲出大道理，幽默却也耐人寻味。

资料来源：根据相关资料整理。

【思考】善辩者，成名于当时；善书者，留名于世。请结合本案例分析，要如何选择可以发挥自身优势的沟通方式？

知识点链接2-3——做到"五多"为提高沟通能力打基础

人人都想提高自己的沟通能力，但是要想提高沟通能力并不是那么简单的。需要你花工夫来打好基础。因此，你要做到五多即多读、多看、多写，多动、多思。

*多读

所谓多读就是要博览群书，无论什么方面的书都看，通过读书来获取你没有经历过的经验并不断积累使你掌握各种知识点，为沟通打下坚实的语言和文字基础。

*多看

所谓多看就是通过经常上互联网看资讯以及通过看电视、看电影、看报纸、看杂志来获取当今社会的热点信息，为沟通冷场时找话题，从而找到共同感兴趣的话题而引导至你要表达的主题上去。

*多写

所谓多写就是通过多练写钢（毛）笔字、写文章来提高自己的书法和文笔表达能力，增强自己在他人心目中的文化品位，从而为沟通打下好的印象基础。

*多动

所谓多动就是要多走出去参加一些活动，如聚会、讲座、瑜伽、游泳、球类活动等方式来增加交友面从而为沟通带来铺垫。

*多思

所谓多思就是勤思考，通过思考模拟对方的心理活动，来提高自己的应变能力，使自己在沟通过程中无论遇到什么情况都处变不惊，妙语连珠。

四、上下沟通、平行沟通

在服务型企业中，员工上下沟通、平行沟通是常态化工作，其沟通形式与畅通与否，将直接影响工作效率、工作氛围，其内容及技巧见表2-2。

表2-2　　　　　　　　　　　　上下沟通、平行沟通内容及技巧

	上行沟通	下行沟通	平行沟通
定义	上行沟通是在组织中信息从较低的层次向较高的层次的一种沟通，主要是下属依照规定向上级提出书面或口头的报告	下行沟通指组织中信息从较高的层次流向较低的层次的一种沟通	平行沟通指组织内部平行管理层各部门、各职能单位或人员之间的信息沟通
优缺点	优点：员工可以把自己的意见向领导反映，获得一定程度的心理满足；管理者也可以利用这种方式了解企业的经营状况，与下属形成良好的关系，提高管理水平。 缺点：在沟通过程中，下属因级别不同造成心理距离，形成一些心理障碍；同时，向上沟通常常效率不佳，有时由于特殊的心理因素，信息经过层层过滤被曲解，沟通效果适得其反	优点：可以使下级主管部门和团体成员及时了解组织的目的和领导意图，增加员工对所在团体的向心力与归属感；也可以协调组织内部各个层次的活动，加强组织原则和纪律性，使组织机器正常地运转下去。 缺点：若这种方式使用过多，会在下属中造成领导者高高在上、独裁专横的印象，使下属产生心理抵触情绪，影响团体的士气，此外，来自最高决策层的信息需要经过层层传递，容易被耽误、搁置，有可能出现事后信息曲解、失真的情况	优点：可以使办事程序、手续简化，节省时间，提高工作效率；可以使企业各个部门之间相互了解，有助于培养整体观念和合作精神，克服本位主义倾向；可以增加员工之间的互谅互让，培养员工之间的友谊，满足员工的社会需要，使员工提高工作兴趣，改善工作态度。 缺点：头绪过多，信息量大，易造成混乱
沟通内容	工作汇报与总结； 申诉与建议	工作任务、指示、管理决策； 规章制度； 工作评价与反馈	对工作进行协商、协调； 工作的互通有无、争取配合
目的	降低工作任务传达失误的概率； 为员工提供参与管理的机会，营造民主式文化； 缓解工作压力	传递工作指示与任务； 督促、规范员工执行； 及时向下级反馈工作绩效	弥补纵向沟通的不足； 实现各部门的信息共享

	上行沟通	下行沟通	平行沟通
障碍	传统、封闭的企业文化； 内部沟通机制不健全； 上下级之间关系不良	企业组织机构复杂； 领导（上级）沟通技能、风格的差异； 沟通双方心态的差异； 传递信息的遗漏和曲解	部门本位主义与自我标榜行为； 组织结构产生的部门职责交叉与冲突； 空间距离造成沟通上的物理障碍； 对有限资源的争夺
技巧	了解、尊重上级的习惯； 了解自己的长处和不足； 与上级保持良好的关系； 正确对待上级的批评	保持正确的心态； 建立合适的沟通制度与规范、完善沟通渠道； 鼓励员工参与，塑造适合沟通的企业文化	态度：主动、体谅、谦让； 注意沟通方式的选择； 对待分歧要求同存异； 运用双赢的沟通理念

知识点链接2-4——平行沟通技巧

1．沟通从工作出发

如果需要沟通，一定是自己感到对方对正在进行的工作重视不够，或是对上级的安排理解不透，妨碍了工作顺利进行。如果你认为只要和对方进行一次沟通就能解决问题，应该首先选择互相沟通，以求得问题的迅速圆满解决；沟通失败，才考虑报告上级。二人因工作产生误会而进行沟通也是为了工作，因此，沟通一定要着眼于工作。

> 平行沟通，同僚、同事之间就跨部门事务工作进行协商、协调，大多属于此类。平行沟通以互通有无、争取配合为主要目的，并且在企业内部进行，不同于公关、不同于谈判，应该直截了当，简明扼要。

2．沟通遵循制度和流程

你正在进行的工作遇到了阻碍，问题出在哪个环节，谁是这个环节的负责人，公司的制度或流程是一定有规定的。因为我们必须遵循各司其职、各负其责的原则开展工作。如果你找一个不相干的人进行沟通，你的目的根本达不到。

3．开门见山

找准了沟通对象，首先征询对方是否有空。如果人家手中正忙于一个上司交办的紧急工作或正在思考一个创意方案，你贸然打断别人，会让对方感到突兀。一旦确定对方时间上方便，你就可以直截了当地提出自己的沟通议题、自己的期盼，然后等候对方回应。这里特别要注意的是不要转弯抹角、废话连篇，浪费自己时间不说，也给对方一个不干脆利落的印象。

4．征询对方意见

既然找对方沟通，一定是自己觉得对方在解决问题上有举足轻重的作用，那就必须虚心听取对方的意见，了解对方对沟通的工作不配合的原因或存在的困难，或者是对方有了更好的完成任务的创意，正等着你来商议。内部工作沟通不必转弯抹角，但必须尊重他人。听取对方意见时，不宜随意打断对方，以免分散对方注意力、影响对方表达。同时要注意，如果你是同事中工作上的佼佼者，更不可盛气凌人，一定要放低姿态。

5．提出个人建议

待对方陈述个人意见之后。你如果觉得对方言之有理，除了完全接受之外，别忘了表示感谢。沟通目的达到，工作可以继续进行。如果对方提出的建议，在你看来只有部分可取，那也是一个不错的开端。即便对方的建议在你看来没有一条可行，这也不可怕，你陈述自己的理由就是了。

6．听取对方反馈

在你提出与对方不同意见之后，你要特别强调指出："你看看在我提议的基础上你有什么补充？"一是让对方把思路调整到你的建议上来，二是在情感上表达出对对方的尊重，让对方对转变观念、接受你的建议有一定的心理准备。所以对方的反馈必须耐心听取。

7．双方求同存异

由于所处的位置不同、个人经历经验不同，同事间在工作方式上存在不同态度、不同观点是再正常不过的事情，第一不必大惊小怪，第二，换个角度从对方的立场上考虑，也许你也会有改变。在这一点上应主张求同存异，只要工作能够正常进行就可以了。不一定是一方说服另一方，或者是完全迁就对方，以保一团和气。这都是不可取的态度和行为。

8．问题得不到解决时，需向上级报告

是不是所有的沟通都能圆满解决？显然不是。碰到本位主义严重的，很简单的问题都可能被复杂化。万一碰到脑筋不转弯、以自我为中心的人，沟通不畅的时候，除了保持冷静之外，你必须立即报告你俩共同的上级，由他来协调处理。注意，企业内部有分歧很正常，没有分歧才不正常，此其一；其二，那些不合作、不配合他人的个人英雄只有两条路选择：要么他改变，要么他走人。企业绝对不会给他第三条路走。

五、沟通技巧对交流的重要性

一位哲人说过："没有交际能力、没有沟通能力的人，就像陆地上的船，永远到不了人生的大海。"沟通技巧对交流十分重要。现今社会，不善于沟通将失去许多机会，同时也将导致自己无法与别人合作。你我都不是生活在孤岛上，只有与他人保持良好的协作，才能取得自己所需要的资源，才能获得成功。要知道，现实中所有的成功者都是擅长人际沟通、珍视人际沟通的人。一个人能够与他人准确、及时地沟通，才能建立起人际关系网。

沟通技巧也分两种，一种是直线或垂直的制造组织"说服式沟通"，另外一种是圆的创造组织"贡献式沟通"，如果固执己见而不贡献新看法，沟通很容易演化为冲突。"说服式沟通"与"贡献式沟通"之间，还有一种夹心层的沟通方式，即"包容式沟通"。某种程度上，"包容式沟通"也是企业组织最大尺度的沟通方式。

事实上，真正拥有智慧的人与他人沟通时，绝无一根筋式的固执己见，绝无喜欢专挑人家毛病的性格缺陷，相反，它们总是本着"东方不亮西方亮、此路不通走彼路"的智慧原则，显得机智又灵活，绝不跟你无休无止地纠缠与争辩。因为他们懂得一个常识，辩论不是沟通的目的，甚至连沟通手段也不是。事实上，当一个人有了想法而又试图与你沟通时，一部分原因是期望得到你的认同或赞赏，但更重要的原因是期望得到你与众不同的智慧点拨。一般来说，同一事物或同一问题，至少有三种或三种以上的不同角度或不同解决方法，因此，只有当我们需要说出第二种甚至第三种的看问题角度或解决方法时，才是智慧工作者的沟通方式。

因此，沟通也是一个人职业素养、专业知识、经验阅历等综合素质的体现，我们每个人都很难说自己已经能很好地掌握沟通这门艺术了，我们都需要在今后的工作和生活中不断地总结，不断地思考，不断地提高以能更好地完善它。

案例分享2-2

石油大王洛克菲勒说："假如人际沟通能力也是同糖或咖啡一样的商品的话，我愿意付出比太阳底下任何东西都昂贵的价格购买这种能力。"由此可见交流、沟通的重要性。

善于观察的人都知道，猫和狗是仇家，见面必掐。起因就是，阿猫阿狗们在沟通上出了点问题。摇尾摆臀是狗族示好的表示，而这种"身体语言"在猫儿们那里却是挑衅的意思；反之，猫儿们在表示友好时就会发出"呼噜呼噜"的声音，而这种声音在狗听来就是想打架的意思。但从小生活在一起的猫狗就不会发生这样的对立，原因是彼此熟悉对方的行为语言含义。

资料来源：根据相关资料整理。

【思考】请结合本案例分析，熟悉对方语言，进行有效沟通的意义何在。

项目小结

◎核心概念：沟通；沟通的层次；沟通的四种基本形态；上下沟通；平行沟

通；沟通技巧。

1.沟通是指交流观点和看法，寻求共识，消除隔阂，谋求一致。

2.沟通的层次：一般性交谈、陈述事实、交流看法、分享感觉。

3.沟通的四种基本形态：倾听、说话、阅读、书写。

4.上下沟通、平行沟通。平行沟通以互通有无、争取配合为主要目的，并且在企业内部进行，不同于公关、不同于谈判，应该直截了当，简明扼要。

5.沟通技巧对交流的重要性。沟通也是一个人职业素养、专业知识、经验阅历等综合素质的体现。

挑战自我

活动名称：学穿夹克衫

活动类型：沟通技巧

参加人数：全体学员

活动时间：15～20分钟

活动材料：一件夹克衫或一包火柴

场地要求：会议室

活动目的：

❖ 演示作为讲师贸然假设学员的背景知识和词汇理解能力的危险性。

❖ 用以说明相对于只用一种方法交流，用模型、演示和示范互动等多种方法能使沟通更有效。

操作程序：

1.先在桌上放一件夹克衫，并在学员中选两名志愿者，一名作为"讲师"，一名作为"学员"。讲师的任务是在最短的时间内教会学员如何穿夹克衫。因为学员既不知道夹克衫是什么，也不懂得如何穿着。而学员志愿者则用来配合表现。当学员的学习能力较弱时，往往会影响讲师的效率。（例如，当志愿者扮演的讲师说抓住领口时，志愿者充当的学员却抓住口袋；或者从反方向把手伸进袖管里等）

2.为了得到更好的效果，可以夸大完成这个任务的困难性。可以让志愿者讲师背对"学员"进行讲解。这样他就不能获知"学员"的反应和领会情况。

3.这样进行一段时间之后，请全班学员一起协助"讲师"完成任务。最卓有成效的方法莫过于向"学员"示范怎么穿这件夹克衫了。

4.这就是工作指导经典的四步骤培训方法：

a）解释该怎么做；

b）演示该怎么做；

c）向学员提问，请他们解释该怎么做；

d）请学员自己做一遍。

其他可选操作程序：

同样的程序可适用于其他物品上。例如，出示一盒火柴，请学员扮演讲师教"学员"如何点火。

有关讨论：

❖ 为什么讲师在授课的最初阶段总会有一个困难时期？（因为讲师对学员的背景知识、词汇理解能力不清楚或做出了错误的假设；或是因为讲师对反应较慢的学员不能很快完成简单任务缺乏耐心；或是因为只使用了一种沟通方法）

❖ 讲师进行示范或演示有哪些好处？（可以增强视觉效果，补足语言的含义）

❖ 获得学员反馈的好处有哪些？（能估计学员的理解能力、对课程的满意度以及帮助讲师判断讲课速度是否合适）

✓ 拓展空间

沟通要素——实用的35个沟通技巧

卡耐基曾经说过，一个人的成功，约有15%取决于知识和技能，85%取决于沟通——发表自己意见的能力和激发他人热忱的能力。的确，善于沟通的人，往往令人尊敬、受人爱戴、得人拥护。

1.赞美行为而非个人

举例来说，如果对方是厨师，千万不要说："你真是了不起的厨师。"他心里知道有更多厨师比他还优秀。但如果你告诉他，你一星期有一半的时间会到他的餐厅吃饭，这就是非常高明的恭维。

2.透过第三者表达赞美

如果对方是经由他人间接听到你对他的称赞，比你直接告诉他本人更多了一份惊喜。相反地，如果是批评对方，千万不要透过第三者告诉当事人，避免添油加醋，形成误会。

3.客套话也要说得恰到好处

客套话是表示你的恭敬和感激，所以要适可而止。有人替你做了一点点小事，你只要说："谢谢，这件事麻烦你了。"至于"才疏学浅，请阁下多多指教"这种缺乏感情的客套话，就可以免了。

4.面对别人的称赞，说声谢谢就好

一般人被称赞时，多半会回答"还好"或是以笑容带过。与其这样，不如坦率接受并直接跟对方说："谢谢。"有时候对方称赞我们的服饰或某样东西，如果你说"这只是便宜货"，反而会让对方尴尬。

5.有欣赏竞争对手的雅量

当你的对手或讨厌的人被称赞时，不要急着说"可是……"，就算你不认同对方，表面上还是要说"是啊，他很努力"，以显示自己的雅量。

6. 批评也要看关系

忠言未必逆耳，即便你是好意，对方也未必会领情，甚至误解你的好意。除非你和对方有一定的交情或信任基础，否则不要随意提出批评。

7. 批评也可以很悦耳

比较容易让人接受的说法是："关于你的……，我有些想法，或许你可以听听看。"

8. 时间点很重要

沟通千万不要选在星期一早上，几乎多数人都会有星期一忧郁的症状。另外也不要在星期五下班前，以免破坏对方周末休假的心情。

9. 注意场合

不要当着外人的面批评自己的朋友或同事，这些话私底下关起门来说就好。

10. 同时提出建议

提出批评之外，还应该提供正面的改进建议，才可以让你的批评更有说服力。

11. 避免不该说出口的回答

像是"不对吧，应该是……"这种话显得你故意在找碴。另外，我们也常说："听说……"感觉就像是你道听途说得来的消息，有失得体。

12. 别回答"果然没错"

这是很糟的说法，当对方听到这种响应时，心中难免会想：你是不是明知故问啊？所以只要附和说"是的"即可。

13. 改掉一无是处的口头禅

每个人说话都有习惯的口头禅，但不合时宜的口头禅容易让人产生反感。例如，你懂我的意思吗？你清楚吗？基本上……老实说……

14. 去除不必要的杂音

有些人习惯在每一句话最后加上"啊"等语助词，像是"就是说啊""当然啦"。在比较正式的场合，会显得不够稳重。

15. 别问对方你的公司是做什么的

你在一场活动遇到某个人，他自我介绍时说自己在某家公司工作。千万别问："你公司是做什么的？"这项活动也许正是他们公司举办的，你要是不知道就很尴尬。也不要说："听说你们做得很好！"因为对方可能这季度业绩掉了三成。你应该说："你在公司担任什么职务？"如果不知道对方的职业就别问，因为有可能他没工作。

16. 别问不熟的人为什么

如果彼此交情不够，问对方为什么，有时会有责问、探人隐私的意味。例如，你为什么那样做？你为什么做这个决定？这些问题都要避免。

17. 别以为每个人都认识你

碰到曾经见过面，但认识不深的人时，绝不要说："你还记得我吗？"万一对方想不起来，就尴尬了。最好的方法还是先自我介绍："你好，我是×××，真高兴又见面了。"

18.拒绝也可以不失礼

用餐时，若主人推荐你吃某样你不想吃的东西，可以说："对不起，我没办法吃这道菜，不过我会多吃一点……"让对方感受到你是真心喜欢并感谢他们准备的食物。如果吃饱了，可以说："这些菜真好吃，要不是吃饱了，真想再多吃一点。"

19.不要表现出自己比对方厉害

在社交场合交谈时，如果有人说他刚刚去了纽约一星期，就不要说上次你去了一个月，这样会破坏对方谈话的兴致。还不如顺着对方的话，分享你对纽约的感受和喜爱。

20.不要纠正别人的错误

不要随便纠正别人的发音、文法，这样不仅会让对方觉得不好意思，同时也显得你很爱表现。

21.不要不懂装懂

如果你对谈话的主题不了解，就坦白地说："这问题我不清楚。"别人也不会继续为难你。如果不懂还要装懂，更容易说错话。

22.掌握1秒钟原则

听完别人的谈话时，在回答之前，先停顿1秒钟，表示你刚刚有在仔细聆听，若是随即回话，会让人感觉你好像早就等着随时打断对方。

23.听到没有说出口的话

当你在倾听某人说话时，听到的只是对方知道并且愿意告诉你的。除了倾听，我们还必须观察：他的行为举止如何？从事什么工作？

24.选择合理时机

当你有事要找同事或主管讨论时，应该根据自己问题的重要与否，选择对的时机。假若是为个人琐事，就不要在他正埋头思考时打扰。如果不知道对方何时有空，不妨先写信给他。

25.微笑拒绝回答私人问题

如果被人问到不想回答的私人问题或让你不舒服的问题，可以微笑地跟对方说："这个问题我没办法回答。"既不会给对方难堪，又能守住你的底线。

26.婉转地回绝

许多社交场合，喝酒总是无法避免。不要直接说"我不喝酒"，扫大家的兴。不如幽默地说："我比较擅长为大家倒酒。"

27.先报上自己名字

忘记对方的名字时，可以就当作是正式场合，向对方介绍自己的名字或拿出名片，对方也会顺势报上自己的名字和名片，免除了叫不出对方姓名时的尴尬。

28.不当八卦传声筒

当一群人聊起某人的八卦或传言时，不要随便应声附和，因为只要说出口的话，必定会传到当事人耳中。最好的方法就是不表明自己的立场，只要说："你说的部分我不太清楚。"

29.下达送客令

如果你觉得时间差不多该结束谈话或送客，但对方似乎完全没有要起身离开的意思，可以说："不好意思，我得打一通电话，时间可能有点久……"或是："今天真的很谢谢你来……"你也可以不经意地看看自己的手表，让对方知道该走了。

30.让对方觉得他很重要

如果向前辈请求帮忙，可以说"因为我很信任你，所以想找你商量……"，让对方感到自己备受尊敬。

31.直接描述现状

和部属意见不同时，不要直接批评，而要说明不同点在哪。

32.寻求解决办法

如果部属绩效不佳，应该要询问他可以如何解决，不要采取威胁态度。

33.主动表达帮忙

如果一时之间无法解决部属的问题，不要说"这种事先不要来烦我"，而是告诉他，我知道有谁可以帮忙。

34.说话语气要平等

主管切忌说"我有十几年的经验，听我的就对了"。比较好的说法是："这方法我用过，而且很有效，你要不要试试看?"

35.弹性接纳部属意见

即使你心里有意见，也不要对部属说："这些建议都考虑过了，不必再多说。"还是应该给部属机会，对他说："关于这个问题，我已有了方案，不过仍想听听你的看法。"

项目三　服务型职业人

项目导言

拥有任何一份职业，我们都会考虑同一个问题——我们应该如何去工作？追根溯源就是两个字——用心，但用心的前提是"心的质量"，这就需要我们用道德与意识来提升修养，让服务意识在心中、在行为中生根发芽，从而提升"心的质量"。针对员工职业服务意识，培训师结合企业实际案例等做交流、互动式培训。

项目目标

◎认知什么是服务型职业人；

◎掌握专业化提升五大标准；

◎掌握服务化提升12345系统；

◎理解服务没有标准答案，只有用不用心；

◎能领悟"在服务中提供给客人惊喜，在惊喜中寻找富有的人生"这句话的意义。

互动导入

案例一： 房务员小邱进入1603房间后，拉帘开窗，收拾垃圾，然后将客人散落在座椅和床上的衣服收进衣橱。

当她拿起椅背上的一件白色衬衫，抖开时发现从上往下数的第三颗纽扣没有了。而这件衬衫挺括干净，好像还没穿过，掉到哪里了呢？是不是客人临时发现缺少纽扣没法穿才扔下的呢？

整理完房间，见客人还没有回来，小邱就留下字条。除了告诉客人已将衣服收进衣橱外，还特别提示白衬衫上比较显眼位置的纽扣没了。考虑到男宾穿衬衫大多将衣服下摆塞入裤子，小邱建议，将衬衫最下面的纽扣取下缝到缺失的位置，并注明"如您同意，请拨打电话与我联系，我将帮您把纽扣缝上"。随后附上了内线电话。

第二天，当1603房间的男宾穿着小邱缝补好的衬衫到总台退房结账时，对总台服务员说了此事。同时表示，下次还会再来这里，非你们酒店不住。最后请总台帮他向总经理转交对小邱的表扬信。

案例二：一天，咖啡厅里吃自助早餐的客人特别多，因为本市教育会议的代表们在这里用餐。

领班小严与小姐妹们一样在忙碌地"翻台"。当她收拾到某张餐桌时，忽然眼前一亮，原来是座椅旁边有一个亮晶晶的东西。捡起来一看，原来是一颗金属纽扣。

从这颗状似梅花的别致纽扣可以推断，这件衣服一定既高档又时尚。小严心想，高档服装的显眼地方少了颗纽扣，该有多尴尬呀。而且这么罕见的纽扣，肯定很难买到。可想而知，纽扣的主人一定十分着急。

小严立即找到负责这一区域的看台服务员小章。小章回忆说，失主应当是之前在这张桌子用餐的某位女性会议代表。小章对那个女士印象比较深，因为她的着装很时尚，引人注目。

小章环视周围，没有再看到那位女宾。她们与主管商量之后，决定等会议快开始时，直接到会场寻找。

果然，当她们到会场后，小章一眼就认出了那位女宾。那位女宾接过纽扣，激动地跳起来，然后抱住她们说："我正发愁呢，没想到你们这么细心，又这么负责地找到我，我真不知道该怎样表达我的感激之情。"

案例三：GRO（宾客关系主任）小项与早班同事交接完毕刚刚坐定，就见一位打扮入时的中年女宾急急走来。小项赶紧起身迎接："您好，有什么需要我帮助的吗？"

"我是住在2202房间的客人，我刚从展销会回来，回到房间换衣服时，发现身上衣服的纽扣丢了两颗，估计是展销会人多拥挤被拽掉了。我明天要出席一场谈判会，只带了这一件正装。这里我不熟，不知道哪里可以买到这种纽扣，你看能不能帮我解决这个问题？"客人说完，递上已换下的衣服，充满期待地望着小项。

小项看了看衣服上的纽扣，感觉这种纽扣非同一般，不是市面上可以轻易找到的，于是对女宾说："如果要买到同样的纽扣恐怕很难，我建议将衣服上余下的纽扣都拆掉，另找一种色泽、样式与您的衣服相搭的纽扣，您看可以吗？"

"这个主意好。那你知道上哪儿可以买到纽扣吗？"女宾急切地问道。

小项找来公关经理小柯，小柯了解情况后，立即答应协助。当小柯提出与女宾一起前往当地的小商品一条街挑选时，这位女宾看了看手表，犹豫了一下说："现在是下午五点，我已经答应一位客户五点半一起用餐，实在走不开。这样吧，你带上这件衣服，纽扣的式样颜色由你定，我相信你的眼光。"

小柯说："好的。不过，式样颜色还是由您亲自定。我有个办法，请将您的手机和我手机加上微信，到时，我在现场选几样，拍成照片，传到您手机上，请您定夺后再买回来，您看怎么样？"

女宾竖起大拇指，说道："不愧是五星级酒店的经理，机智灵活，就按你说的办！"

当小项将钉上新纽扣的衣服送到2202房间，交到女宾手上并告诉她这套纽扣是酒店赠送的时候，女宾眼睛湿润了，激动地表示："我公司的年会就放在你们酒店举办，明天就和你们销售部签订协议。"

资料来源：陈文生. 纽扣的故事［N］. 中国旅游报，2016-08-18（8）.

互动问题

客人对酒店给予好评，不一定都是因为酒店提供的服务多么规范、没有出现任何差错，更多的可能是因为得到了意想不到的帮助，哪怕只是小小的帮助。以上三个案例，服务人员只是帮助客人找到或是缝上了小小的纽扣，却解决了客人大大的烦恼，客人因此感动而成为回头客。

请大家根据以上案例进行现场研讨，并思考两方面问题：

（1）案例中酒店服务人员是如何以小小的纽扣感动客人的？

（2）请结合自身工作实际，谈一谈对服务工作"勿以善小而不为"这句话的理解。

学一学

一、什么是服务型职业人？

根据职业方向，我们可以将职业分为十二种，它们分别是：交际型、影响型、开拓型、管控型、事务型、服务型、技能型、操作型、规划型、发明型、艺术型和人文型。服务型企业是指：从事现行营业税"服务业"税目规定经营活动的企业。按照营业税税目的划分，"服务业"包括：代理业、旅店业、饮食业、旅游业、仓储业、租赁业、广告业及其他服务业。

服务型职业人往往应该具备如下素质：

1.员工专业化的要求——过硬而持续的岗位素质

（1）过硬的岗位专业技能。

（2）持续的岗位专业精神。

2.员工服务化的要求——优秀而系统的服务意识

（1）优秀的个人服务意识。

（2）系统的团队服务氛围。

二、服务型职业人专业化提升的五大标准

服务型职业人专业化提升的五大标准包括工作形象、工作技能、工作态度、工作道德、职业坚持五大标准，如图3-1所示：

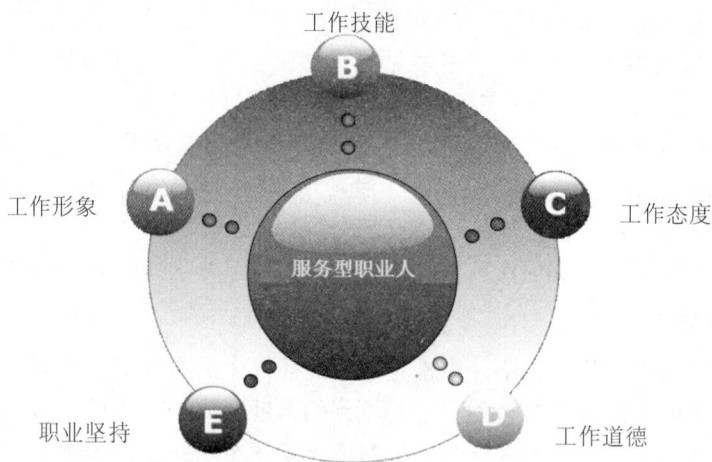

图3-1　服务型职业人专业化提升的五大标准

1.服务型职业人的工作形象——看起来就是做这行的人

首先，员工的通用职业礼仪与岗位规范，应该做到：职业化的仪表与举止、具备独立的工作思维、成为客户的顾问。

其次，员工必须具备企业品牌形象意识，应该做到：公司价值的统一、每一个员工必须有意识地去代表企业。

2.服务型职业人的工作技能——像个做事的样子

首先，每一个岗位都必须具备沟通技能，例如，要学习不忙的时候主动帮助他人；主动报告，让上司放心；积极接受批评，不重复犯错。

其次，把问题转变成自己的发展机会，包括两个层面：把问题看成机会、让问题成为机会。

3.服务型职业人的工作态度——用心把事情做好

首先，把工作当成自己的事（事业）来做，用无限责任来建立职业的安全感。

其次，提升自我从细节开始做起，学会拥有自己的工作档案。

4.服务型职业人的工作道德——坚持好自己做人的底线

首先，职业道德规范对员工的基本要求包括："应该"做什么，"不应该"做什么；"应该"怎么做，"不应该"怎么做。

其次，打造自己的职业口碑，包括：能力是习惯培养出来的，素质是道德坚持出来的。

5.服务型职业人的职业坚持——做卓越的服务人

服务型职业人的职业坚持，体现在对服务的精益求精，以人为本上，"以小见大"做好服务工作，成就卓越的服务人。

案例分享3-1

泉是地道的南方人，因为向往下雪才考到沈阳，就是想看看外面的世界，厌倦了像白开水一样、淡得没有一点味道的生活环境。

泉出生在很普通的家庭，父母打了一辈子工，没有什么积蓄，也没有什么后台，社会的变化太快，使他们反应不过来。他们有很多的无奈，于是把所有的希望都寄托在泉身上。泉也算对得住父老乡亲，从小学起，读书就从来不会让父母操心，虽说不是名列前茅，但也过得去。泉受不了父母整天为一点钱吵架，想离他们越远越好，几个志愿报的全是北方的学校。他顺利地考上了沈阳的一所重点大学，有一种如释重负的感觉。

好像命中注定似的，泉毕业后分配到一家事业单位，一干就是四五年，生活依然像白开水一样平淡。做一个普普通通的国家公务员，看看自己的老科长，四十多了也没升上去，还是为了那么点薪水操劳算计，自己才二十岁出头，什么时候才能熬出个头啊？想想就头皮发麻，难道就这样混一辈子？每次一看到桌对面的老科长还要点头哈腰地巴结处长、书记等领导，泉就一肚子苦涩，这就是我的未来吗？

泉决定改变自己的命运，他犹豫了五个月，终于鼓起勇气向老科长递交了辞呈。老科长很惊讶地说："这么舒适的地方、这么保险的铁饭碗居然不干了？虽然工资低一点，可是稳定啊！真搞不懂年轻人是怎么想的！"其实泉也搞不懂自己是怎么想的。

泉逃离了家，逃离了稳定的工作，只想让自己的生活多一些精彩，他厌倦了像白开水一样的生活。他要寻找一点刺激。

普普通通的人，平平淡淡的生活，能享受成功的滋味吗？

职业顾问分析了泉的性格和天赋，结合他的兴趣、所学的专业和工作经历，给他做了职业定位和职业生涯规划，建议他首先转型从事公关工作。于是泉去了一家搞会议和活动的策划公司，专门负责重要活动策划、安排等，现在干得不亦乐乎。想到一年前的自己，泉就忍不住想笑。

用泉的话说："现在如同给白开水里加点糖，活得有滋有味。"

资料来源：根据相关资料整理。

【思考】

1. 泉一直平平淡淡，普普通通，但他最终选择了"白开水里加点糖"，没有甘于平淡普通，泉是怎么做的？

2. 结合自己的工作实际，谈谈你的职业理想？如何定位自己？

三、服务化提升12345系统

服务化提升12345系统包含服务化提升的1个核心、2个特点、3个阶段、4个层次、5个基本，如图3-2所示：

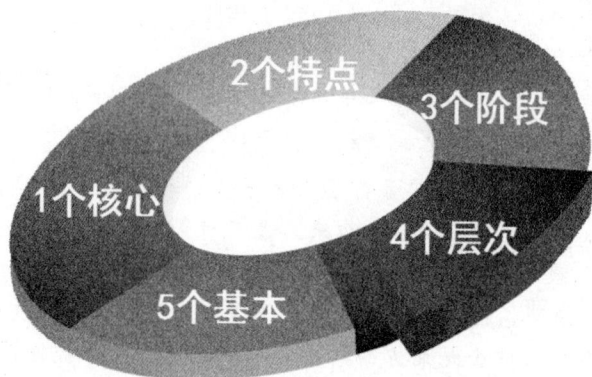

图3-2　服务化提升12345系统

1.服务化提升1个核心

1个核心心态——你我都方便/舒服。服务不只为他人，也是为了我们自己；只需把客人当人，勿当客人是上帝；基于有原则的爱，运用有技巧的爱。

2.服务化提升2个特点

特点1：服务要体现创新性

服务如何创新，包括：服务流程设计创新、服务价值延伸创新。

特点2：服务要体现持续性

服务如何持续，包括：服务细节的坚持、服务质量的考核。

3.服务化提升3个阶段

服务化提升应该包括3个递进阶段：第一，规范服务：服务流程化、服务认证化。第二，预测服务：使用服务信号、组合服务需求。第三，设计服务：研究生活方式、解析消费模式。

🐱 **案例分享3-2**

我老是找不到符合我尺寸的衬衣。所以，无论何时我出外旅行时，我总是到时装店里看看有没有合适我的衬衣，但常常一无所获。

最近，我在纽约时，随便逛到一家店。那个店员很不错，他说："我能帮忙吗？"（这时我已经开始喜欢他了）他继续向我提出一系列精心组织的问题，比如"您所需的衬衣有些什么样的特点？"我说有四个要求：合适的尺码，衬衣放进旅行箱时领子不会皱，纽扣在洗涤时不会损坏，袖口不会磨损。于是他问我："如果我给您看一件这样的衬衣，你会买吗？"我急切地说当然了。

他取出一盒子的衬衣，刚好全是我的尺寸，我马上感兴趣了。然后他打开一件衬衣的包装并进行了三项演示。首先，他握紧拳头揉搓衬衣的领子，再打开时，一点皱褶也没有。然后他提起一把榔头，重重地砸在衬衣的纽扣上，纽扣也没有碎。

接着他用砂纸使劲磨衬衣的袖口，袖口没有磨损。这下我完全信服了。于是我立即买下了一打，尽管这衬衣要180元一件，一共花了2 160元。

资料来源：根据相关资料整理。

【思考】

1．一个懂得在合适的时候问合适的问题的人不仅能掌握谈话的主动权，而且总能从中得到一些什么，衬衣店员是怎么做的？

2．结合自己的工作实际，谈谈你的服务化提升计划？

4．服务化提升4个层次

服务化提升应该包括服务客人、服务同事、服务企业、服务社会这4个交融层次，如图3-3所示。

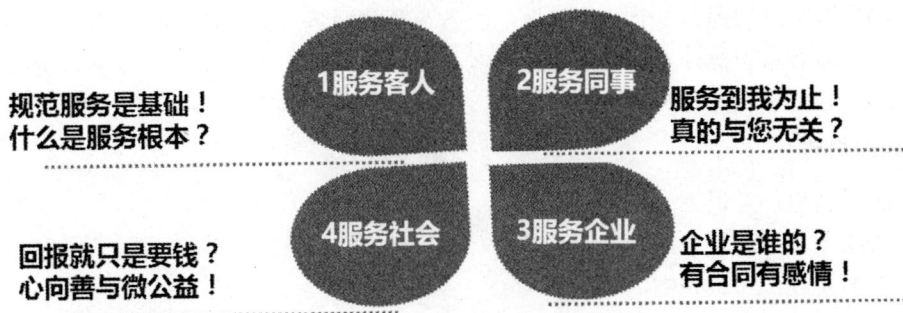

规范服务是基础！
什么是服务根本？

1服务客人　2服务同事

服务到我为止！
真的与您无关？

4服务社会　3服务企业

回报就只是要钱？
心向善与微公益！

企业是谁的？
有合同有感情！

图3-3　服务化提升4个层次

5．服务化提升5个基本

耳勤——做个会听的服务人。

口勤——勤询问顾客有什么需要帮助的地方。

眼勤——察言观色，寻求服务与沟通机会。

脚勤——工作效率与走动关心。

手勤——勤动手帮助顾客、同事。

知识点链接3-1——服务型职业人从优秀到卓越的秘籍

1．要在对方微笑之前微笑；

2．服务没有标准答案，只有用不用心；

3．坚持用亲切的笑容主动打招呼至少三个月；

4．在服务中提供给客人惊喜，在惊喜中寻找富有的人生。

项目小结

◎核心概念：服务型职业人；专业化提升的标准；服务化提升系统。

1．服务型职业人

（1）员工专业化的要求——过硬的岗位技能与持续的专业精神。

（2）员工服务化的要求——优秀而系统的服务意识。

2.专业化提升5大标准

（1）服务型职业人的工作形象——看起来就是做这行的人。

（2）服务型职业人的工作技能——像个做事的样子。

（3）服务型职业人的工作态度——用心把事情做好。

（4）服务型职业人的工作道德——坚持好自己做人的底线。

（5）服务型职业人的职业坚持——做卓越的服务人。

3.服务化提升12345系统

（1）服务意识提升1个核心——你我都舒服。

（2）服务意识提升2个特点：服务要体现创新性、持续性。

（3）服务意识提升3个阶段：规范服务、预测服务、设计服务。

（4）服务意识提升4个层次：服务客人、服务同事、服务企业、服务社会。

（5）服务意识提升5个基本：耳勤、口勤、眼勤、脚勤、手勤。

挑战自我

活动名称：常识

活动类型：观念意识类

参加人数：20人左右

活动时间：15分钟

活动材料：无

场地要求：会议室

活动目的：

❖ 使学员认识到所谓的常识其实并不是那么正确。

操作程序：

1.讲师请学员就人的行为做出一些大体上的概括（或其他相关主题）。举例来说："所有的_____都是懒惰的""没有一个人能_____""只有_____样的人才能成为高效率的管理人员""激励员工的唯一方法是_____"。将这些陈述贴在显著位置。用彩笔或下划线标出关键字。如所有、没有一个、只有、唯一等。

2.如果可能，就将其中的主要概括大声念出。正如保罗·拉扎斯菲而德所指出的，有必要对我们通常认为是理所当然的意见重新检验（或确认），他概括说："在一些看起来显而易见的论点中，有些东西并非正确的。"

3.在讨论以下问题之后，重新回顾先前概括出的论点所基于的事实基础。

相关讨论：

❖ 人们怎么会得到一些错误的粗线条的观点？

❖ 如果一个人持有这样的观点，会对他的行为造成什么样的影响？

可能答案：自负、武断、伤害他人；挫伤他人积极性……

❖ 我们怎样才能更好地防止这些观点的形成和发展？

可能答案：尊重每一个人；观察、描述事实而非轻易下推断……

✓ **拓展空间**

案例：切入职业转型

阿君毕业于某重点大学化工专业。他从事过销售、采购、质量管理工作，接触过化工、石油、电子、IT、食品饮料等行业，在民营企业、外企都做过。现在在一家跨国饮料企业从事质量管理工作。去年10月，他高高兴兴地过了35岁生日之后，却再也高兴不起来。他对工作越来越提不起兴趣，总觉得这些工作都不能充分施展自己的才华。

阿君来到某职业指导中心测试室，跟职业顾问说他过去曾有过许多的目标，最想成为一个拥有千万甚至上亿身家的企业家，可是奋斗多年后发现自己似乎缺乏这方面的基础和能力。现在不像年轻时那样靠着梦想和一股"初生牛犊不怕虎"的冲劲就盲目做事。"我不想不停地跳槽，不想再浪费时间在那些无意义的工作和事情上，我觉得在决定自己的终生追求之前，需要好好了解自己。可是随着年龄的增长，忽然之间觉得自己似乎并不了解自己，不知道自己的性格到底是内向还是外向、感性还是理性，也不知道自己适合做什么。有时候甚至怀疑自己是不是比别人差。"阿君一脸凝重、焦虑地说着。

通过性格和天赋测试，职业顾问发现阿君具有很强的策略性思维，擅长分析判断，但缺乏影响力。"所以当做了很好的方案和计划后，实施的过程中往往感到无法推动其他人去按你的计划进行工作，所以你不得不亲力亲为，就会感到非常累。"阿君点点头。

职业顾问建议阿君从事饮料的研发工作。"啊？我做研发？我从没做过！哪个公司会让我做这么专业的技术工作？"职业顾问解释道："你做过饮料的销售、熟悉饮料市场；做过饮料原材料的采购，熟悉饮料最新的添加剂、调味品；做过质量管理，了解饮料生产过程中的质量控制工艺，这些都是做饮料研发（开发饮料新的配方）最需要的经验和知识，做饮料研发又能充分发挥你擅长分析判断的天赋，并且符合你喜欢独立完成工作的性格。"

听过分析之后，阿君不住地点头，不住地说："对！对！对！"

几天后，阿君向公司的人力资源部提交了申请去研发部的报告。四个月后，他去了研发部做研发助理，师傅是一个年近五十岁的老工程师。刚去不久，师傅就对他学做配方的悟性大为赞赏。做研发助理半年后，他被派到美国参加培训去了。

阿君现在已经是研发工程师了。他回想自己这一年的转变，很有感慨地说：

"职业转型年龄并不是最重要的，关键是要看准职业的方向，找到转型适合的切入点。"

【思考】

1.阿君为什么对工作没有兴趣呢？

2.通过阿君的案例，你觉得应该怎样明确自己的职业生涯目标呢？

项目四　打造执行力团队

项目导言

一个企业是一个组织，一个完整的团体，企业的执行力也应该是一个系统、组织和团队的执行力。执行力是企业管理成败的关键。企业执行力，指的是贯彻战略意图，完成预定目标的操作能力。它是企业竞争力的核心，是把企业战略、规划转化成为效益、成果的关键。项目将以打造高效执行力团队方法、企业执行力文化为重点，做交流、互动　培训。

项目目标

◎认知什么是执行力；

◎掌握成功的执行力管理模式；

◎掌握打造高效执行力团队的方法；

◎理解企业执行力文化；

◎优秀的执行力的标准：没有理由，全心全意，立即行动。

互动导入

阿诺德和布鲁诺同时受雇于一家店铺，拿着同样的薪水。可是一段时间以后，阿诺德青云直上，而布鲁诺却仍在原地踏步。布鲁诺到老板那儿发牢骚。老板一边耐心地听着他的抱怨，一边在心里盘算着怎样向他解释清楚他和阿诺德之间的差别。

"布鲁诺，"老板说话了，"你去集市一趟，看看今天早上有什么卖的东西。"布鲁诺从集市上回来向老板汇报说，今早集市上只有一个农民拉了一车土豆在卖。

"有多少？"老板问。布鲁诺赶快又跑到集市上，然后回来告诉老板说一共有40袋土豆。

"价格是多少？"布鲁诺第三次跑到集市上问来了价格。"好吧，"老板对他说，"现在请你坐在椅子上别说话，看看别人怎么说。"于是，老板派阿诺德前往集市进行同样的调查。

阿诺德很快就从集市上回来了，向老板汇报说，到现在为止，只有一个农民在卖土豆，一共40袋，价格是多少；土豆质量很不错，他带回来一个让老板看看。

这个农民一个钟头以后还会运来几箱西红柿，据他看价格非常公道。昨天他们铺子的西红柿卖得很快，库存已经不多了。他想这么便宜的西红柿老板肯定会要进一些的，所以他不仅带回了一个西红柿做样品，而且把那个农民也带来了，他现在正在外面等回话呢。

此时，老板转向布鲁诺说："现在你知道为什么阿诺德的薪水比你高了吧？"

资料来源：佚名.企业团队执行力十大经典案例解析［EB/OL］.［2011-12-10］. http://blog.sina.com.cn/s/blog_62cf681a0102dvam.html.

互动问题

员工执行开始时都想把工作做好，也不是不聪明，但往往因为缺少结果思维，导致有苦劳无功劳，而执行要的是功劳。请大家根据以上案例进行现场研讨，并思考两方面问题：

（1）阿诺德和布鲁诺的差距，案例中两个人分别代表怎样的工作方式？

（2）请结合自身工作实际，谈一谈对"有结果的执行才是执行力"这句话的看法。

学一学

一、什么是执行力

执行力是指有效利用资源、保质保量达成目标的能力，指的是贯彻战略意图，完成预定目标的操作能力，是把企业战略、规划、目标转化成为效益、成果的关键。执行力包含完成任务的意愿，完成任务的能力，完成任务的程度。对个人而言执行力就是办事能力；对团队而言执行力就是战斗力；对企业而言执行力就是经营能力。简单来说就是行动力。

知识点链接4-1——执行力的分类

执行力分为个人执行力、团队执行力。

1. 个人执行力

个人执行力是指每个人把上级的命令和想法变成行动，把行动变成结果，从而保质保量完成任务的能力。个人执行力是指一个人获取结果的行动能力。

2. 团队执行力

团队执行力是指一个团队把战略决策持续转化成结果的满意度、精确度、速度，它是一项系统工程，表现出来的就是整个团队的战斗力、竞争力和凝聚力。团队执行力是"用合适的人，干合适的事"。团队执行力是"当上级下达指令或要求后，迅速做出反应，将其贯彻或者执行下去的能力。

1. 执行就是一切以结果为导向

执行首先是一种精神，是一种信守承诺的精神，是一种追求结果的精神，是一种永不放弃的精神，而这种精神需要用行动来证明。例如，学生时代保质保量完成课程作业、初出茅庐的企业员工按时按质完成岗位工作、企业管理人员以最快的速度创造性地完成工作任务，并带领团队超额完成年度任务等。

成功的关键点：责任、执行力。服务型企业员工在工作中，想要拥有高效执行力的关键在于良好的心态塑造，主要包括责任心态、主动心态、空杯心态、专业心态、称职心态等五个方面。

2.执行不出结果的三大根源

第一，认识问题：不懂什么是结果；第二，态度问题：不愿意做出结果；第三，能力问题：做不出企业结果。

3.成功企业的执行力

（1）有情的管理，无情的制度，绝情的执行 —— 世界第一CEO杰克·韦尔奇。

（2）三不原则：

①不给员工提供终身的保障，只给员工提供终身就业的能力。

②不是领导裁员，而是业务裁员、制度裁员，对事不对人。

③不把精力放在落后的员工身上，而是把精力放在表现良好的员工身上。

（3）结果：让员工具有危机感，迫使员工进步，获得整体执行力的提升。

二、团队执行力

1.成功的执行力管理模式

战略管理：战略是方向，执行是力量。

定位管理：没有定位，就没有地位。

结果管理：企业依靠结果生存，员工依靠结果发展。

授权管理：优秀的总裁：他的下属忙得睡不着觉，自己却可以"呼呼大睡"。

团队管理：高层管理利润，中层管理增长，基层管理态度。

利润管理：客户=利润；团队执行力是利润入口。

制度管理：制度第一，能力第二，违规必究，执规必严。

文化管理：文是思想，化是行为。企业文化就是企业价值观，行为准则，企业精神的具体表现。

互动活动4-1——回到童年

活动类型：执行力

参加人数：不限

活动时间：10分钟

活动材料：每个队75张A4纸

场地要求：会议室或空旷场地

活动目的:

❖ 让学员感受到执行力的重要性。

❖ 放松,增加培训乐趣。

操作程序:

1.折飞机:每人一张白纸,每人按照自己的想法把白纸折成飞机。

2.试飞机,定指导员:每个团队轮流站成一条直线,队员一个个把飞机扔出去,队长会记住谁的飞机飞得最远,然后指定这架纸飞机的主人为指导员。

3.赛飞机:发给每个队75张白纸,并且要求在10分钟内把纸折成飞机,从刚才的直线后面向前扔,如果飞机落地时超过15米外的一条直线就得到2分,得分最高的团队获胜。

4.飞出去的飞机,不允许捡回来重飞,违反规则扣4分。

5.不允许捡其他团队的飞机,违反规则扣4分。

6.飞机未飞到指定位置不得分。

奖励和惩罚:

依据各团队得分情况,奖励优秀团队1个、优秀个人4人;惩罚得最后一名的团队,对其队长及指导员作适当的惩罚,如表演节目等。

得分标准:

1.表现积极的团队加10分。

2.主动帮助其他团队的加10分。

扣分标准:

1.游戏不积极团队扣10分。

2.不服从老师安排者扣10分。

3.不服从队长、指导员安排者扣5分。

4.违反游戏规则者,每一条扣10分。

5.行为、态度恶劣者扣本团队10分。

游戏总结:

1.战略的正确:提升执行力的首要因素就是战略的正确。

2.中试(验证):找到真正的最优模型。

3.对标:不如对手就学习对手,最终通过自我完善,超越对手。

4.做好流程规划:一个好的流程的规划,需要有人专门负责折飞机,有人运送飞机、有人扔飞机。好的流程可以缩短时间,减少冲突,同时增加每个人的专业化能力,提高生产率。

5.知人善任:把合适的人放在合适的岗位上。

6.培训:人员到位后需要对他们进行培训,培训是保证他们高效率工作的基础。

7．质量控制：如果培训工作做得好，质量不会出现大问题。

8．绩效测量：没有测量就没有管理，队长的任务就是发现问题，找到原因并且解决问题。

9．沟通：有沟通才会有执行。

10．团队合作：团队执行力才是真正的执行力。

2．服务提升的目标

从服务中完成任务，从服务中得到承认，从服务中提升价值，从服务中赢得回头客，从服务中铸就品牌。

三、如何打造高效执行力团队

1．回顾工作，分析我们的不足

为什么看似雄心勃勃的计划总是一败涂地或不尽如人意？执行力不足。

为什么好的决策总是一而再再而三的付之东流？执行力不强。

为什么刚刚做好、做大，有拓展、上升的机会了，贯彻却出现问题？执行力流失。

为什么有时付出比计划多了10倍，结果得到的往往不到1/10？执行力"黑洞"。

为什么企业陷入这样的怪圈：高层怨中层，中层怪员工，员工怨高层？执行力危机。

2．建立管理的目标

具体的、可衡量的、可达到的、有明确期限的，这样的目标才有执行的价值。

如（经营战略+人力资源+运营管理）×执行力=整体竞争力，企业的整体竞争力来自于企业的经营战略、人力资源体系、运营管理方式的有序配合，并加入不折不扣的执行，产生强有力的执行力，从而形成企业的核心竞争力。

3．提高员工执行力的关键

第一，沟通是前提；第二，协调是手段；第三，责任是关键；第四，反馈是保障；第五，决心是基石。

4．打造一流团队执行力的五大核心

（1）爱和感动：超强执行力的基础是感动。

（2）愿景：愿景规划让执行力充满激情，充满着无限的动力。

（3）学习：学习力就是执行力。

（4）纪律：严谨的制度就是执行力。

（5）监督：有效的监督就是执行力。

互动活动4-2——头脑风暴：如何提高服务质量

活动类型：执行力

参加人数：不限

活动时间：15分钟

活动材料：每个队1张A4纸

场地要求：会议室

活动目的：

❖让学员感受到执行力的重要性。

❖打造一流的团队执行力。

操作程序：

❖每人用一张纸写出能够提升服务质量的建议？一经采纳，给予奖励。

（5分钟内完成）

❖每位员工将自己的建议交给本部门负责人。

（休会10分钟，经理整理出本部门的意见向总经理汇报）

❖总经理听完汇报后交由总经办处理。

❖总经办组织副总经理及各部门经理召开评审会，认真审核所有建议，分门别类整理，形成可行性操作方案向总经理汇报，总经理签发后由相关部门执行。

❖通过考核业绩，给予奖励。

5.具体实施"十字口诀"

一个字：干

两个字：主动

三个字：让我来

四个字：积极思考

五个字：责任是我的

六个字：有谁需要帮忙

七个字：目标一定会实现

八个字：一切的工作为了爱

九个字：我要成为多给予的人

十个字：只有结果才能证明实力

6.执行中各自承担的任务

高层：指引航向的重任。

中层：承上启下、以身作则，带领、指导基层员工去执行公司的战略。

基层员工：最大的任务就是贯彻执行把目标转化为实实在在的行动，而公司的战略最终结果如何，就体现在基层员工执行的效果上。

四、优秀的执行力的标准

1.意愿

如果不想做，肯定做不好。执行的意愿来自目标、利益、危机。有目标才有愿望，有利益才有动力，有危机才有压力。

2.环境

企业文化环境影响行动，要行动就要给自己创造有利于行动的环境。

3.能力

想做还要会做。而如果想达到会做，就需要学习方法、锻炼技能、增长知识，提升自己的能力。

五、我们所要倡导的执行文化

首先，没有理由，全心全意，立即行动。其次，上行下效，坚决执行；认真第一，聪明第二。最后，监督有力，赏罚分明；锁定目标，简单重复。

📖 项目小结

◎核心概念：执行力；执行力管理模式；高效执行力团队方法；执行力的标准；企业执行力文化。

1.执行力：执行首先是一种精神，是一种信守承诺的精神，是一种敢于面对结果的精神，是一种永不放弃的精神，而这种精神需要用行动来证明。

2.成功的执行力管理模式：战略管理、定位管理、结果管理、授权管理、团队管理、利润管理、制度管理、文化管理。

3.打造高效执行力团队方法：回顾工作，分析我们的不足；建立管理的目标；提高员工执行力的关键；打造一流团队执行力的五大核心；具体实施"十字口诀"。

4.优秀的执行力的标准：意愿、环境、能力。

5.理解企业执行力文化：没有理由，全心全意，立即行动。

🏃 挑战自我

活动名称：创作一个游戏

活动类型：团队执行力

参加人数：每组4人，共20人为宜

活动时间：60分钟

活动材料：投影仪、简报架、记号笔等培训用工具

场地要求：会议室

活动目的：

❖一个有趣的活动，让学员思考、走动和讨论。

❖让学员思考游戏的设计，激发团队的创造力、执行力。

操作程序：

1.把学员分成3～4人的小组。

2.小组成员明天将要作为讲师讲一个培训课程。课程的内容由他们决定，现在他们必须要设计一个用在明天课堂上的游戏，须从下列清单中选出一个游戏名称。（见后）

A.所设计的游戏时间不超过5分钟。

B.给每个学员发一份"创造游戏"的单页。（复制好的）

C.学员设计好游戏后，让学员将自己设计的游戏介绍给大家。如果时间允许，他们可以演示出来。

其他可选择的操作程序：

A.在开始设计前告诉学员他们所要设计的游戏主题。

B.为每个小组选一个游戏名称。

C.如果必要的话，游戏题目可以修改。

相关讨论：

❖ 哪一个游戏设计的最有趣？为什么？

❖ 有谁设计的游戏和今天的培训相关吗？

❖ 在游戏设计过程中遇到的难点是什么？

❖ 在设计之初，考虑到哪些要点？

❖ 你觉得自己哪些方面做得最好？

❖ 哪一个游戏设计的不是特别好？表现在什么方面？

❖ 你认为一个好的游戏应具备什么特点？

❖ 设计者如何将这些特点通过设计表现出来？

编者提示：

为充分发挥学员的创造性，讲师可以选择稍大一些的场地，让不同的小组在不同的地点，以免相互受到影响。

❖ 讲师可以多准备一些东西，如废旧的杂志、报纸、蜡笔、气球、各种颜色的记号笔、水果、绳子、胶带、剪刀等东西，也许学员们在设计过程中会用到。

❖ 在让学员设计游戏前，讲师可以对设计提出一些要求，比如每一个游戏都要说明：名称、类型、规模、活动目的、材料、操作过程、相关讨论等项目。

❖ 学员设计完游戏后，也可以不让他们立即演示出来，而是让他们在主讲的培训中实际应用，这样可以更好地评判设计效果。

参考游戏题目：

1.泰坦尼克号

2.碰碰车

3.突破包围

4.拯救大兵瑞恩

5.指路

6.心有千千结

7.荒岛求生

✓拓展空间

案例：海底捞你学不会

全国多家海底捞火锅店开业后，生意异常火爆，常常一座难求，每天午市、晚市均接连翻台，但排队等位吃海底捞火锅的人依然络绎不绝，其中包括自掏腰包"组团学习"的本地餐饮企业老板。除了好吃的美食，顾客大多是冲着"特色服务"去的。作为以"服务至上、顾客至上"为宗旨的餐饮企业，海底捞火锅的模式不是一般公司可以复制的。虽是一家火锅店，它的核心竞争力却不仅在于餐饮，更在于服务。

消费者A：海底捞的服务确实很好，餐前等待真的必须点赞，还有人给我们做了糖人，小时候的回忆啊！

消费者B：零食水果都有，随便吃，下飞行棋什么的，真的是餐饮行业里面做得最好的了。

消费者C：自助酱料也很好，酱料种类很多，前菜也不错。

消费者D：每个路过你身边的服务员都会笑眯眯地跟你说"你好"。

消费者E：基本上一个人负责几桌吧，涮菜的时候有专用的挂勺子的架子，太贴心了。

随着人们口口相传，"海底捞服务"的特色文化内涵日益丰富。他们将用心服务作为经营亮点，免费美甲、擦鞋、代驾……每一个细节都能表达出对顾客的关怀。

海底捞对于用餐人而言，是贴心的、温心的，更是舒心的。

【思考】

1.为什么海底捞的员工有这么强的执行力？

2.通过案例，你如何理解"海底捞的核心竞争力不仅在于餐饮，更在于服务"的？

项目五　时间管理

项目导言

　　时间管理是指通过事先规划和运用一定的技巧、方法与工具实现对时间的灵活、有效运用，从而实现个人或组织的既定目标，也就是依据轻重缓急设定短、中、长期目标，再逐日制订实现目标的计划，将有限的时间、精力加以分配，争取最高的效率。这种做法有它可取的地方，但也有人发现，过分强调效率，把时间绷得死死的，也会产生反效果，使人失去增进感情、满足个人需要以及享受意外之喜的机会，故不能一味地强调效率，应该以维护生活的品质为主，并兼顾时间管理法。课程应对时间管理的价值分析、部门时间管理的系统分析、个人时间管理方法及现场训练等做互动式、实效性培训。

项目目标

　　◎认知什么是时间；

　　◎理解时间管理的定义；

　　◎掌握时间管理的主要观念；

　　◎能分析时间管理的价值；

　　◎掌握工作时间管理；

　　◎了解个人时间管理19招。

互动导入

　　下面用简单的办法测试你是否能掌握时间，你只需回答"Yes"或"No"：

　　1.你通常工作很长时间吗？

　　2.你通常把工作带回家吗？

　　3.你很少花时间去做你想做的事吗？

　　4.如果没有完成你所希望做的工作，你是否有负罪感？

　　5.即使没出现严重问题或危机，你也经常感到工作有很大压力吗？

　　6.你的案头有许多并不重要但长时间未处理的文件吗？

　　7.你经常在做重要工作时被打断吗？

8.你经常占用用餐时间工作吗？

9.在上个月里，你是否忘记一些重要的约会？

10.你时常把工作推到最后一分钟，然后很努力地去做完它们吗？

11.你觉得找借口拖延你不喜欢做的事容易吗？

12.你总是因为需要做一些事情而保持繁忙吗？

13.当你长休了一段时间，你是否有负罪感？

14.你常无暇阅读与工作有关的书籍吗？

15.你是否太忙于一些琐碎的事而没有时间去做与目标一致的大事？

16.你是否沉醉于过去的成功或失败之中而没有着眼于未来？

测评：

12~16个"Yes"　救命！你在时间管理上需改进。

8~12个"Yes"　当心！你需要重新审视你的时间行动指南。

4~8个"Yes"　可以！方向正确，但需要提高冲劲儿。

0~4个"Yes"　恭喜！坚持并保留你的方法。

互动问题

每个星期有168个小时，其中56个小时在睡眠中度过，21个小时在吃饭和休息中度过，剩下的91个小时则由你来决定做什么——每天13个小时。人们平均8分钟受到一次干扰，每小时约7次，每次约5分钟，每天约4个小时。参加健美活动的人90%会在开始的90天内半途而废。做一件事情实际花费的时间往往会比预期的时间要多一倍。花1个小时进行计划，行动时会节约10个小时。

请大家根据以上测试，思考以下问题：

为什么"花1个小时进行计划，行动时会节约10个小时"，结合自身工作，谈一谈时间管理的重要意义？

学一学

一、什么是时间

1.牛顿力学中的时间

时间作为度量物质运动变化过程的一种参照，通过我们所定义的标准的时间单位，可以去衡量物质运动本身的变化规律。

2.时间的目的

时间是描述物质运动变化的参照，它可以提供一种事件运动变化的标准流程的计量模式，同时又是事件进程描述的一个基本的物理量。

3.科学上的时间概念

——1956年国际计量委员会将秒规定为1900年1月0日12时正回归年长度的1/31556925.9747。这种以地球公转为基础的时间标准，称为历书秒。

——1967年第十三届国际计量大会又采用以原子内部辐射频率为基准的时间计量系统，称为原子时。

——按新规定，"秒是铯-133原子基态的两个超精细能级之间的跃迁所对应辐射的9、192、631、770个周期的持续时间"。

4.人生的每一刹那都是唯一的

时间对盼望的人来说"实在太短"、时间对恐惧的人来说"实在太长"、时间对痛苦的人来说"实在太慢"、时间对快乐的人来说"实在太快"、时间对有爱心的人来说是永恒。动植物的生长规律也诠释着时间的奥秘，如朝菌——朝生暮死；寒蝉——春生夏死；海龟——生存500年；松柏、黄杨——存活数千年。

知识点链接5-1——时间的产生与特性

1.日常的时间概念

——年、月、日、时、分、秒

——地球自转、公转与月球公转（如图5-1所示）

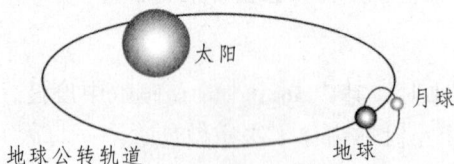

图5-1 地球自转、公转与月球公转

2.时间的基本特性

时间的基本特性包括：恒久性、一维性、不可逆转性、刚性、客观公正性。（如图5-2所示）

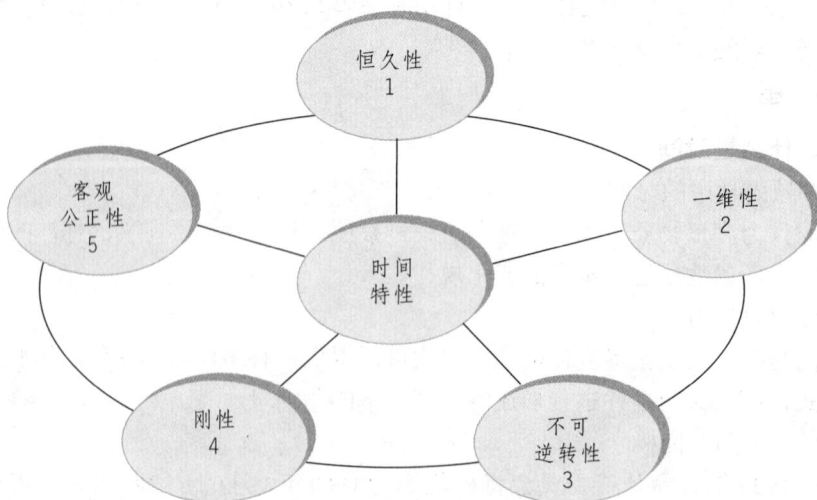

图5-2 时间的基本特性

二、什么是时间管理

时间管理是指通过事先规划和运用一定的技巧、方法与工具实现对时间的灵活以及有效运用，从而实现个人或组织的既定目标。由于时间所具备的基本特性，所以时间管理的对象并不是时间本身，而是指面对时间进行的"自己的管理"。所探索的是如何减少时间浪费，以便有效地完成既定目标。

换言之，时间管理就是"自我"管理、时间管理就是价值判断的确认，如图5-3所示，可以通过计划统筹相对合理地利用和节约时间，尤其是碎片化时间的安排与管理，就如容器中的小沙子与水一样，需要重点加以利用。

时间管理的主要观念有：

1. 主动而非被动。
2. 在别人管你前先自己动手。
3. 控制那些可控因素。
4. 用"脑"优于用"力"。
5. 能掌控才能减轻压力。

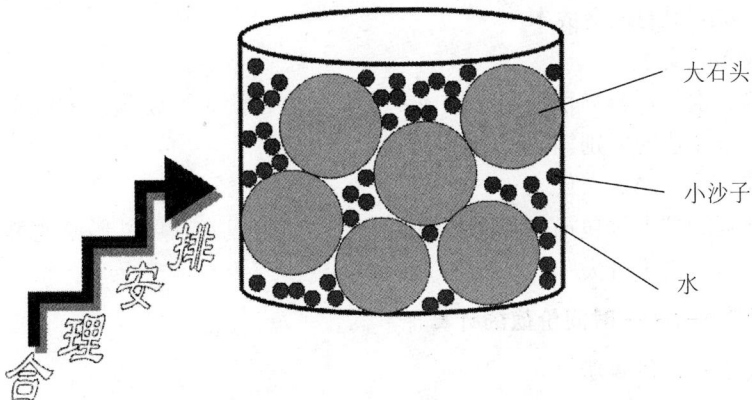

图5-3　时间的合理安排与利用

知识点链接5-2——关于时间的名人名言

陶渊明："盛年不重来，一日难再晨。及时当勉励，岁月不待人。"

华罗庚："凡是在事业上有所成就的人，无一不是利用时间的能手。"

莎士比亚："放弃时间的人，时间也会放弃他。"

富兰克林："你热爱生命吗？那么别浪费时间，因为时间是构成生命的材料。"

彼得·德鲁克："时间是最为宝贵的资源，如果我们不能管理时间，便什么都不能管理。"

三、时间管理的价值分析

1.每一天、每一小时、每一分钟都有很大价值

时间就是金钱，浪费时间，就意味着增加成本，减少利润。浪费的时间，无论如何也弥补不了。

2.钱是通过一点一滴挣来的

钱是通过每一分钟、每一小时、每一天的努力工作挣来的。一天浪费（不管什么原因）1~2小时，意味着在其他时间中挣钱的效率要提高10%~30%，显然，这是十分困难的。

3.时间需要规划

规划时间，以便使宝贵的、有限的时间用在可以产生最大收益的活动上。鲁迅先生说：时间是组成生命的材料，浪费别人的时间是无异于谋财害命的。

4.效率竞争：深层次的内涵

第一，企业竞争的三个层次是物质资源层、人力资源层、制度文化层。

第二，各个环节都体现出效率，各个层面都体现出效率。

5.个人和组织的机会成本

（1）成本的类别

成本的类别包括容易重视的有形成本、容易忽视的无形成本、无形成本中的时间成本、大小企业的区别等。

（2）成本外延的扩大化

成本外延的扩大化包括由时间特性而导致的机会成本，可以形象地表达为"过了这个村"与"机不可失"。

互动活动5-1——时间价值的计算

活动类型：时间管理

参加人数：不限

活动时间：5~10分钟

活动材料：时间成本价值计算简表

场地要求：会议室

活动目的：

❖让学员感受到时间管理的重要性。

❖增加培训互动性、参与性。

操作程序：

1.讲师事先准备好时间成本价值计算简表，内容见表5-1。

2.学员参考时间成本价值计算简表，以自己的实际工资水平，计算自己真实的时间成本价值。

表 5-1 时间成本价值计算简表

年薪（元）	每天的价值（元）	每小时的价值（元）	每分钟的价值（元）
15 000	62.0	8.86	0.15
25 000	103.3	14.76	0.25
35 000	144.6	20.7	0.34
45 000	186.0	26.6	0.44
55 000	227.3	32.5	0.54
65 000	268.6	38.4	0.64
75 000	309.9	44.3	0.74
85 000	351.2	50.2	0.84
100 000	413.2	59.0	0.98

四、工作时间管理的系统分析

1.学习设立目标及分配工作

以"目标导向"而不是以"机会导向"来安排你的工作。学习将不同的工作授权给不同的单位执行，分工合作才能在最短时间内以有效的方式达成目标。

拟定目标的要件：

（1）列出目标"达成希望"与"达成结果"的关系。

（2）目标需要是特定的、清楚的。

（3）目标还要数量化、可达化。

2.今日事今日毕

拖延或行事缓慢是非常危险的习惯。应付拖延的招数：确定完成期限、建立回馈制度、把工作划分为几个小部分、提前解决、安排人监督你、现在就去做。

（1）制订每日工作计划。

详细地计划今天下午或是明天早上的工作。

（2）挑战效率最高点。

回头看看，你有多少时间是完全控制在自己手上，然后设法找出处理例行事务最有效率的方法，并集中全力应付重要任务。确定自己的能量循环，最重要的事务放在最有效率的时间，如图 5-4 所示。

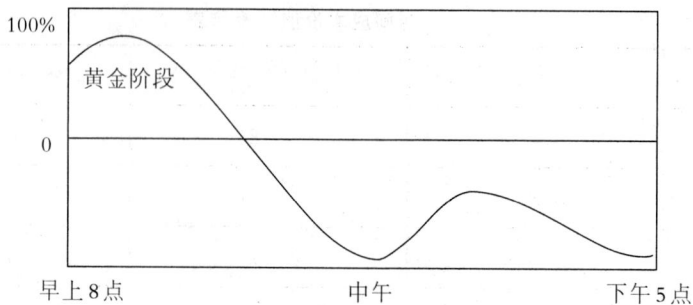

图5-4 最有效率的时间划分图

3.避免分散注意力

你所花费的努力中，通常有百分之二十已决定了最后的结果。因此，专心在少数能影响结果的事务上，将有助于在短时间内达到想要的效果。依工作的轻重缓急来安排优先顺序。先做紧急而重要的事，再做不紧急而重要的事，其次才是做紧急而不重要的事，最后做不紧急而不重要的事，如图5-5所示。

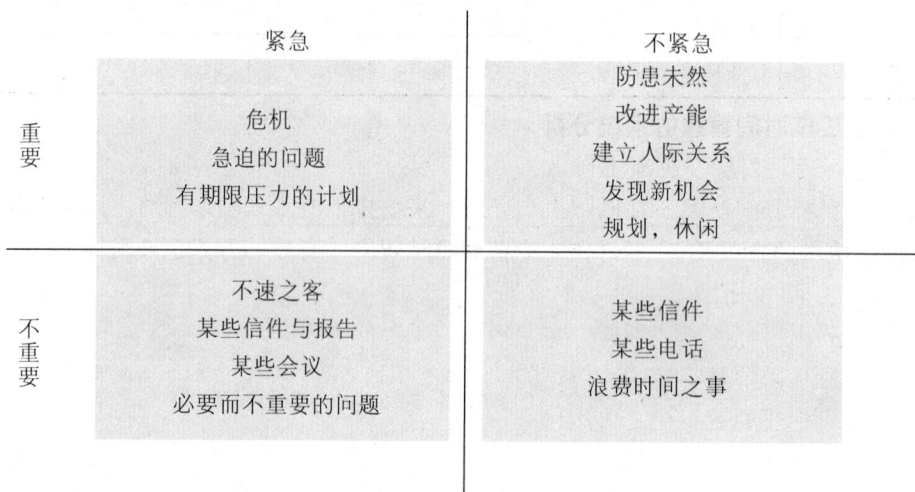

	紧急	不紧急
重要	危机 急迫的问题 有期限压力的计划	防患未然 改进产能 建立人际关系 发现新机会 规划，休闲
不重要	不速之客 某些信件与报告 某些会议 必要而不重要的问题	某些信件 某些电话 浪费时间之事

图5-5 区分优先工作——时间象限分析图

4.将阻碍减到最低

通常造成时间浪费的环境因素有：电话、信件、会议、等候、访客、紧急事件。

5.培养说"不"的能力

如果你从来不懂得拒绝工作，导致工作量超出负荷时，你的工作品质势必会大受影响。

6.随时检查与完善，应付突发状况

当发现情况不对时，你可以：在接下来的步骤中，把浪费的时间补回来；重新商议；缩小计划的涵盖面；争取更多资源；接受替代品；提供诱因；要求服从。

五、个人时间管理18招

1.时间预算表

（1）对时间使用进行记录（半年/次）。

（2）做时间预算表：包括60%有计划的工作、20%没有预期的事情、20%突发的事情。

（3）预算与实际定期比较。

2.跳出时间的六大陷阱

过多的电话、不必要的会议、不速之客、无意义的文件、无能的部属、刁蛮的上司。

3.区分掌控的时间

采用二分法，区分可控时间和不可控时间。

4.每日工作预定表

必须做的事情，写下来；相关工作一并完成；尽量不做预定表以外的工作。

5.今日事今日毕

（1）大事表：正在进行的计划和尚未完成的事情。

（2）每日行事历：一般例行事务，需带回家解决（明天有明天的工作）。凡事"再一次"就会浪费很多的时间。

（3）今日不做，明天就后悔。

6.上班前的"小动作"

穿衬衫如果从下而上，可以节省3秒；在穿袜子和长裤的时候，如果先穿袜子再穿长裤，可节省5秒；配件放在一个盒子里方便拿取，可以提高效率。

通过并行时间的运用，可以高效利用早晨时间，如图5-6所示。

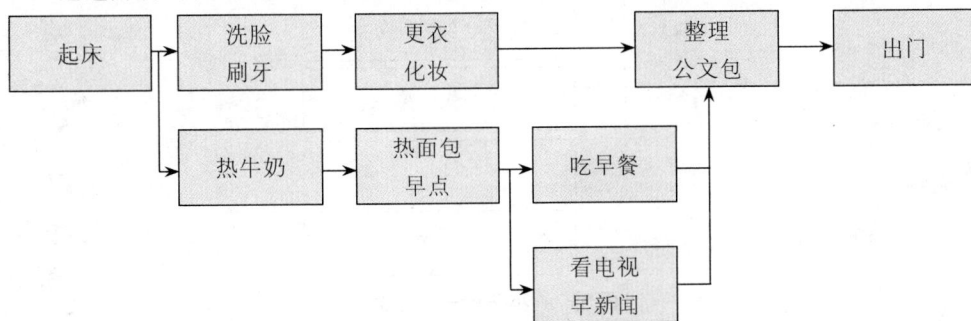

图5-6 早晨并行时间利用图

7.找出最佳生理时间

（1）一日之计在于晨。

8：00以前：荷尔蒙分泌最旺盛；8：00至11：00交感神经最紧张；午餐过

后，小肠蠕动能力低。

（2）一周之计在于周二、三、四。

因为周一存在症候群，如周末狂欢或周日睡大觉；周五症候，亦称为假期等待。

（3）一年之计在于春。

许多工作都需要在年初做好规划，并列出详细执行方案。

8.同时做两三件事情：人脑一次能处理七件事情

（1）同时做两件事情。

早晨可以同时做两件事情，如刷牙、洗脸、洗澡/听广播；上厕所/看书；开车听演讲或者听有声音的光碟。

（2）同时做三件事情。

走路健身、听英语、前往公司上班。

（3）人脑一次能处理七件事情。

如图5-7所示，小王的一个早晨，并行处理许多事情，提高了生活效率。

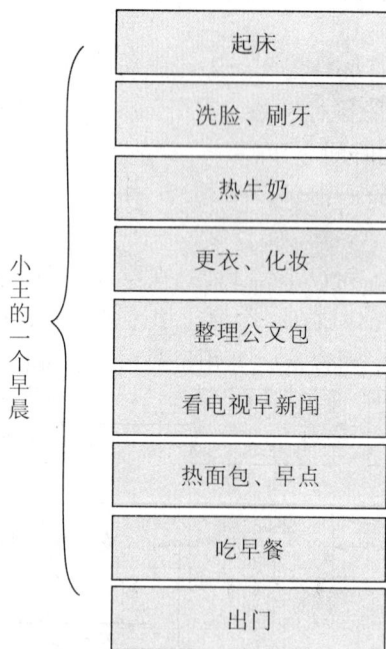

图5-7 小王的一个早晨

9.决不轻易"迟到"

决不轻易"迟到"，尤其是在遇到重要的工作洽谈时，如重要业务的预约、重要的商务会议等。

10.没定期限就不叫工作

（1）设定期限。

工作中需要对预期成果做出时间限定，如合作双方共同用协议对产品交货时间作规定等。

（2）交办事项定下期限，按时追踪。

提出要求或下达命令后，应以书面化的形式按时追踪进展情况。

（3）承办事项自定期限，限期前汇报。

在完成工作时要主动提出进度报告，力不能及时，要马上说出来。

11.整理工作环境

（1）桌面。

清理不必要的东西，如相片、饰品；物品按规定位置摆放。

（2）抽屉。

抽屉里的材料可以分为：应立即处理的公文、正在实施的计划；长期的计划；保留的公文、参考资料。

（3）周围环境。

一天三分之一以上的时间会利用到办公环境，因此清爽、舒适的办公环境会提高工作效率。

12.没有淘汰就不叫档案管理

（1）不作不必要的影印。

（2）如果不见了会发生什么样的麻烦事吗？

（3）如果是不确定该不该"淘汰"的不必要资料，请往垃圾箱丢吧。

（4）制作检查表。有条有理的工作和任务，可以节省时间；把必须做的工作列表、存档，以后可以对照。

13.名片式的小卡

（1）把想法写下来，并实现第一步：养成习惯、分类整理。

（2）把头脑中的想法请出来。

（3）随身携带笔和卡片。

（4）在家中或办公室重要的地方放置卡片盒子。

14.咨询专人、专线

（1）专人：知心朋友、工作顾问等。

（2）专线：高校图书馆、网上图书馆等。

15.善于集合零碎时间

例如，25分钟时间读书法：20页/天×30天×12个月≈24本书/年；零碎时间背诵托福单词：60个/天×30天×3个月＝5 400个。

16.合理地安排休息

每个人都需要适当的睡眠，建议忙完上午的工作，请午睡30分钟，以保证充足的精力应对下午的工作。

17.学习永不嫌晚

首先，从内容来看，要兼收并蓄，既要有高度，也要有深度和广度，应加强理论、专业知识学习，并且注重学习现代管理理念和领导艺术。

其次，从方法来看，注重读"有字之书"，更注重读"无字之书"。既要从书本中学习知识，也要重视在社会中学习，注重联系实际，活学活用。

18.生涯规划

孔子曾说过：三十而立，四十不惑，五十知天命，六十而耳顺，七十从心所欲。许多商业精英的规划是20岁至30岁：靠专业赚钱；30岁至40岁：靠人脉赚钱；40岁至50岁：靠钱赚钱。对于许多年轻人而言，做好生涯规划至关重要。

项目小结

◎核心概念：时间；时间管理；时间管理的主要观念；时间管理的价值；部门时间管理系统；个人时间管理。

1.什么是时间：人生的每一刹那都是唯一的。

2.时间管理的定义：时间管理就是"自我"管理，时间管理就是价值判断的确认。

3.时间管理的主要观念：主动而非被动、在别人管你前先自己动手、控制那些"可控因素"、用"脑"优于用"力"、能掌控才能减轻压力。

4.时间管理的价值：时间需要规划，以便使宝贵的、有限的时间用在可以产生最大收益的活动上。

5.工作时间管理：学习分配工作、今日事今日毕、避免分散注意力、将阻碍减到最低、培养说"不"的能力、随时检查与完善，应付突发状况。

6.个人时间管理18招。

挑战自我

活动名称：计划未来5天的日程

活动类型：时间管理

参加人数：30人左右

活动时间：20～30分钟

活动材料：A4纸、时间安排表

场地要求：会议室

活动目的：

❖使学员掌握如何对项目进行有效的时间管理。

❖强化学员时间管理技能。

操作程序：

假设现在是星期一的晚上，你要计划未来5天的日程，面前是这5天要做的事情，共有24条（每天上班时间为8点～18点，中午有1小时休息）：

1.你从昨天早晨开始牙疼，想去看医生。

2.星期六是一个好朋友的生日，你还没有买礼物。

3.你有好几个月没有回父母家（父母家离公司只有2个小时车程），也没有与父母通电话。

4.有一份兼职不错，但你必须在星期二或星期三晚上去面试（19点以前），估计要花1小时。

5.明晚8点有个1小时长的电视节目，与你的工作有密切关系。

6.明晚有一场演唱会，你的朋友邀请过你，你还没有回复。

7.你银行信用卡本月还款明天到期。

8.外地一个朋友邀请你周末去玩，你需要整理行李。

9.你要在星期五交部门计划书并在交之前把它复印一份。

10.明天下午2点到4点有一个会议。

11.你欠某人200元钱，他明天也将参加那个会议。

12.你明天早上从9点到11点要听一场培训讲座。

13.你的上级留下一张便条，要你尽快与他见面。

14.你没有干净的外套，一大堆脏衣服没有洗。

15.你想好好洗个澡。

16.你负责的临时项目小组将在明天下午5点钟开会，预计1个小时。

17.你身上只有5块钱，需要去银行取钱。

18.同事明天晚上聚餐。

19.你错过了星期一的例会，要在下星期一之前复印一份会议记录。

20.这个星期有些材料没有整理完，要在下星期一之前整理好，约需2个小时。

21.你收到一个朋友的电子邮件1个月了，没有回信，也没有打电话给他。

22.星期天早上要作工作总结及下半年部门计划，预计需要花费3个小时，而且只能用业余时间。

23.你邀请男朋友后天晚上来你家吃烛光晚餐，但家里什么食材也没有。

24.下个星期二，你要参加一次专业资格的业务考试。

互动任务：

1.在这些项目中，有些是互相冲突的，有些则富有弹性。如何对这些项目进行有效的时间管理呢？

2.把要做的事情全部看一遍，拟列一个时间表，见表5-2。

表5-2   时间管理安排表

时间	星期二	星期三	星期四	星期五	星期六
8:00					
8:30					
9:00					
9:30					
10:00					
10:30					
11:00					
11:30					
12:00					
12:30					
13:00					
13:30					
14:00					
14:30					
15:00					
15:30					
16:00					
16:30					
17:00					
17:30					
18:00					
18:30					
19:00					
19:30					
20:00					
20:30					
21:00					
21:30					
22:00					
22:30					
23:00					
23:30					

3.确定每件事情的重要等级和紧急程度。

4.根据重要程度把事情重新排序，列出任务完成计划。

相关讨论：

根据价值观的不同，将练习中的任务区别出来：

健康——看牙医、洗澡等（1、15）

家庭——给家里打电话等（3、14、17）

友谊——买礼物、回信、参加聚餐、拜访朋友等（2、8、11、18、21）

爱情——准备烛光晚餐等（23）

工作——总结与计划、电视节目、会议、整理材料、考试等（5、9、10、12、13、16、19、20、22、24）

金钱——兼职的面试等（4）

兴趣——看演唱会等（6、7）

考虑一下，你的价值观是什么？哪项任务对你是最重要的？

重要度是因人而异的，因此，任何有效的时间管理系统首先都必须明确你的价值观。价值观是我们想和做的基本原则，它是进行时间安排的最基本的因素。我们有不同的价值标准，它们是形成我们个人特性的基础，也是我们进行时间管理的基础。

什么对你而言是最重要的？家庭？工作？金钱？你首先要明确自己需要的是什么，然后才能朝那个方向走。如果你不知道自己的目的地，你很可能会到达别的地方。

✓ **拓展空间**

《时间管理》顺口溜

凡事明确目标，提前做好准备；

制订工作计划，分清轻重缓急；

操作统筹兼顾，学会说不借力；

注意劳逸结合，一切注重效率！

时间管理的效果是因人而异的，因此，任何有效的时间管理系统首先都必须明确你的情绪焦点，学会感性时间管理；明确你的任务，对任务按优先级排序。

情绪是不自主的思维，情绪的焦点决定了我们如何安排一天的时间。

感性时间管理关键是情绪管理，情绪决定了我们的焦点在哪里，而焦点决定了我们将时间用在哪里，是否有利于我们快速达成目标。很多表面看起来是销售人员时间管理的问题，实际上却是销售人员情绪管理能力的问题。

第三篇　职业素养专项篇

项目六　顾客投诉处理技巧

项目导言

顾客投诉在企业对客服务中很常见，面对顾客五花八门的投诉，我们应该如何避免及处理，成为留住顾客以及变头回客为回头客的关键点。课程将以职业心态导入、为什么会有投诉、会有哪些投诉、如何处理投诉为重点，加入最新的行业案例、游戏等做交流、互动式培训。

项目目标

◎ 认知投诉产生的原因；

◎ 掌握顾客对总体服务品质的评价过程；

◎ 认识到会投诉的顾客是忠诚的顾客；

◎ 清楚处理投诉流程与技巧；

◎ 能领悟预防投诉比处理投诉更重要。

互动导入

某日，一位在深圳某酒店的客人到该店前台收银处支付一段时间在店内用餐的费用。当他一看到打印好的账单上面的总金额时，马上火冒三丈地说："你们真是乱收费，我不可能有这样的高消费！"收银员面带微笑地回答客人说："对不起，您能让我再核对一下原始单据吗？"客人表示没有异议。收银员开始一面检查账单，一面对客人说："真是对不起，您能帮我一起核对吗？"客人点头认可，于是和收银员一起对账单进行核对。期间，那位收银员顺势对几笔大的账目金额（如招待、宴请以及饮用名酒……），做了口头启示以唤起客人的回忆。等账目全部核对完毕发现并没有问题时，收银员有礼貌地说："谢谢您帮助我核对了账单，耽误了您的时间，费神了！"客人听罢连声说："麻烦你了，真不好意思！"

互动问题

酒店前台收银对顾客来说是个非常"敏感"的地方，也最容易引起争议与投诉。请大家根据以上案例进行现场研讨，并思考两方面问题：

（1）案例中收银员是如何揣摩客人心理并避免用简单生硬的语言处理投诉的呢？

（2）请结合自身工作实际，谈一谈"尊重客人，即使客人发了火，也不要忘记尊重客人"这一观点。

学一学

一、什么是顾客投诉

简单而言，顾客投诉，是指顾客对企业产品质量或服务不满意，提出书面或口头上的异议、抗议、索赔和要求解决问题等行为。

顾客投诉是每一个服务型企业都可能遇到的问题，它是顾客对企业管理和服务不满的表达方式，也是企业有价值的信息来源，它为企业创造了许多机会。因此，如何利用处理顾客投诉的时机而赢得顾客的信任，把顾客的不满转化为满意，锁定他们对企业服务和产品的忠诚，获得竞争优势，已成为企业营销实践的重要内容之一。

二、为什么会有投诉

1.不被尊重

服务的过程其实就是满足客户需求的过程，也就是说你的产品或服务的特性能给客户带来利益。但不可否认，除产品外，对客服务过程中满足顾客被尊重的心理需求，对服务的好评率也有重要的影响。当顾客感觉到"不被尊重"时，其投诉的概率就会增加。尊重不仅体现在说话的语气和态度上，更重要的是，应尊重别人的观点和思想。

当然，尊重也是双向互动的。很多国家的年轻人在校外打工，都是从事餐馆服务、超市收银、货物摆放等收入微薄、没什么技术含量的活儿。很多孩子都来自富有的家庭，他们从这样的劳动中能获得什么？可能不仅仅是一些零花钱。无论是餐馆还是超市，通过这些打工的机会，他们才会真切体会到作为服务人员的生活，得到的不仅是零花钱，还有对从事这个行业人员的亲近感，以及平等精神和对各种职业的尊重。

案例分享6-1

一天早上，某酒店的一位香港客人下电梯来到酒店大堂总台服务处结账。他用粤语对服务员说："你好，916房结账。""好的，先生，请把您的钥匙牌或房卡给我看一下。"服务员礼貌地回答。"哦，我没有带来，可以结账吗？"客人显得有点不耐烦。"请问先生，您的姓名叫……"服务员接着又问。客人不悦道："结账还用问姓名？"服务员耐心地解释说："因为我们需要核对一下姓名，以防万一搞错会带来麻烦。"客人很不情愿地报出了自己的姓名。服务员迅速地打出账单，客人掏出皮夹子拿钱。同时，服务员又对客人叮嘱了一句："顺便说一下，您的916房钥匙牌用完后请送到收银台。"谁知客人一听，勃然大怒，收起钱来，大声嚷嚷："你们酒店这么麻烦，给钱不要，还唠叨个没完，我不付款了。"嘴里一面冒出气愤的语言，一面收起钱来，扭头就往电梯处去。

正在值班的大堂副理闻声跑来，立即赶到电梯口，把客人请回来，对他说："先生，您息怒，有什么意见尽管提，我们立即解决，但钱还是要付的。"这位客人却指着服务员的鼻子说："她不道歉，我就不付款。"此时，服务员已是满腹委屈，实在难以启齿道歉，双方僵持不下，引起了服务台客人们的注意。怎么办？大堂副理紧张地思考了一下，便跟服务员轻声说了几句，服务员听到了点点头，强忍着几乎快要掉下来的眼泪，对客人说了声："对不起。"客人这才付了钱，扬长而去。

【思考】酒店服务奉行"客人永远是对的"的原则。请结合本案例分析，要如何满足顾客被尊重的需求，从服务语言上做到以人为本？

2.不平等待遇

"平等待客"是自古以来的待客之道，然而许多服务型企业，却根据顾客对企业的贡献价值，将顾客分为三类：最有价值顾客、最有增长性顾客、负值顾客。他们的观点是，企业应当视最有价值顾客和最有增长性顾客为"上帝"，而对负值顾客应采取否定态度。因为他们认为负值顾客不会给酒店带来任何价值，只会耗用企业人力资源。有此导向的企业，往往对服务人员的对客服务造成许多不利影响，"以貌取人"及视贡献价值决定对客服务水平，是产生投诉的重要原因之一。

3.被骗的感觉（项目信息不对称）

著名心理学家马斯洛认为，安全感是人类要求保障自身安全的需要，也是仅次于生理需要的必须满足的基本需求。基于惯性，熟悉的东西往往会给我们心理带来安全感，而购买行为或购买服务则意味着将打破我们原来熟悉的平衡感，它在为生活引入新东西的同时也引入了一定的风险和担忧。所以很多情况下，顾客都有害怕上当受骗的心理，一旦发现有被骗的情况，投诉就在所难免，这也是顾客通过投诉再次寻求心理安全感的需求体现。

知识点链接6-1——顾客对总体服务品质的评价过程

购买前期望——品牌吸引

+

购买过程体验——度假体验

+

购买后评估——消费反馈

=总体服务品质

4.心理不平衡

"心理平衡"一词可谓是中国人独创的心理学术语。在西方心理学与心理咨询的词汇当中，是没有Psychological Balance这一术语的。其实顾客在消费或享受服务的过程中，"心理平衡"就是用升华、幽默、外化、合理化等手段来调节对某一事物得失的认识。"心理不平衡"是指顾客往往会不知不觉地拿自己和别人比，觉得自己得到的服务不到位，或没有享受到应有的折扣等，从而发生投诉事件。

5.突发服务事件

顾客在消费及享受服务过程中，难免会有突发事件，如餐厅菜肴中有苍蝇、超市买到过期食品等，顾客会希望投诉后得到良好的回应与解决。但有一些企业碰到顾客投诉，常常把它当作一件"坏事"或"不光彩"的事，不去认真分析产生投诉的原因，不去细致研究自身产品和服务上存在的缺陷和不足，而是漫不经心，应付了事，能糊弄的就糊弄，好推托的便推托，甚至找借口，谴责消费者不会使用产品，把自身的责任推得一干二净。这样一来，尽管省心省力了，但企业的产品和服务却得不到改进，企业信誉和影响力必然降低，顾客会后悔自己当初的选择。

6.合理需求不能解决或未得到反馈

顾客投诉往往有各种原因。例如，顾客针对超市或商店的商品的质量、性能、规格、品种、花色、包装等方面提出反对意见，就是一种常见的顾客异议，其产生的原因非常复杂，有可能是由于商品自身存在不足，也有可能是源于顾客自身的主观因素，如顾客的文化素质、知识水平、消费习惯等。此种异议是服务或接待人员面临的一个重大障碍，需要重视顾客合理的需求，并给予合理的解决措施，否则将可能引发顾客投诉。

三、会投诉的顾客是忠诚的顾客

顾客是企业产品和服务最权威的评判者，对改进产品和服务也最具发言权。他们在使用各类产品的过程中，会发现产品的不尽如人意之处，甚至碰到种种困难，并由此产生投诉。

若没有顾客投诉，不要认为是没有不满意的顾客，这也可能表示，顾客认为与其投诉不如离开，减少和你公司打交道的次数更省事儿。通常一个顾客的投诉，代表着另外25个没有向公司抱怨的顾客的心声。有研究发现，提出投诉的顾客，若问题得到圆满解决，其忠诚度会比从来没有抱怨的顾客高。公司解决问题的友好态度，会让顾客有信赖感，为未来的合作奠定基础。

🔍 知识点链接6-2——顾客为什么不抱怨

如果企业认为顾客不抱怨是因为企业表现得不错，那就大错特错了，因为大部分顾客吃了亏也不会吭声。原因如下：

● 顾客认为抱怨也没用。顾客知道大部分的员工并非真正处理抱怨，而且通常抱怨的结果就是白费苦心。

● 抱怨实施很麻烦。首先要找出对方的名字，再找到其所属公司的通讯地址或联系方式，投诉给接待人，然后再联系，耗费时间和精力。

● 抱怨会使人觉得不好意思或咄咄逼人。大部分人不喜欢抱怨，他们会觉得难为情。

● 顾客不抱怨的最主要原因是：市场上提供了许多可供选择的产品或服务，与其抱怨，不如换个对象或产品。

总之，现实情况使得抱怨的预期收益远小于预期成本，因此，顾客往往选择不再购买你的产品。

四、如何处理顾客投诉

在顾客投诉处理中，参与者在现场的态度是最重要的，这将直接影响事件处理的结果。一般从以下六个方面处理投诉：

1.保持礼貌。友善的态度能帮助我们平息顾客的怒气，体现我们为他服务、解决问题的态度。

2.耐心聆听，能帮助我们了解导致顾客不满的原因，鼓励顾客说出感受，可让其不满情绪得以发泄，心情恢复平静，有助于解决问题。

3.表示理解顾客感受，让顾客知道你会帮助他，而不是以一种抗拒的态度去处理他的投诉，让他对你有信心。如有需要，可就导致顾客不满或不便的事情道歉，并感谢顾客将问题告知。可能事件并非由你而起，但你有责任代表公司向顾客道歉。

4.了解顾客的要求，征求顾客对解决问题的要求，尝试以顾客的角度来了解事情，同时亦须兼顾公司的利益政策，找寻妥善解决的方法。

5.达成共识，立即采取行动，向顾客详细说明你将要进行的步骤和所需要的时间、效果等，让他清楚您的解决办法。而且你建议的解决办法，必须征得顾客的同意，才可以实行。否则只会令顾客再次不满，弄巧成拙。得到顾客同意后便马上行动。

6.如有需要，交给有关人员处理，及时跟进结果，如需要其他部门同事协助解决，须及时跟进，以求令顾客完全满意，同时，亦应通知上司，防止日后有同样的问题发生。

互动活动6-1——如何记忆关键字

活动类型：服务类课程

参加人数：不限

活动时间：5~10分钟

活动材料：简报纸

场地要求：不限

活动目的：

❖让学员感受到服务的重要性。

❖放松，增加培训乐趣。

操作程序：

1.讲师事先准备好两张大的简报纸，简报纸的内容见表6-1。

表6-1　　　　　　　　　　　　**简报纸所示内容表**

A.简报纸 超级冰箱	B.简报纸 魔力冰箱
颜色：有红、白、蓝、黄4种颜色	颜色：有绿、白、蓝、黄4种颜色
体积：180厘米×100厘米×70厘米	体积：180厘米×100厘米×70厘米
容量：60升	容量：60升
功能：冷冻冷藏分开，零件进口率达98%，获得国际质量金奖。速冻保鲜，不串味；遇到电压不稳可自动断电。	功能：冷冻冷藏分开，零件进口率达98%，获得国际质量金奖。速冻保鲜；遇到电压不稳可自动断电。
最低制冷温度：-15摄氏度	最低制冷温度：-10摄氏度
售价：2 100元	售价：1 900元

2.讲师出示两张简报纸，询问学员他们会选择哪一个冰箱。

3.而后讲师在A、B简报纸上再添加如下内容见表6-2，再次询问学员他们会选择哪一个冰箱。

表6-2　　　　　　　　　　　　**两张增加内容后的简报纸**

A. 简报纸 超级冰箱	B. 简报纸 魔力冰箱
服务：保修5年，24小时热线电话接听。 顾客在购买冰箱后发现商店销售人员夸大了冰箱功能，可以立即退货。 一旦冰箱发生故障，维修人员会在8小时内赶到现场。 所有维修人员均受过专业训练，他们必须在3小时内解决问题，否则顾客可自由退货。 对维修人员的服务不满意，可直接拨打投诉电话	服务：保修5年。冰箱一旦售出，若无明显质量问题，概不接受退货

相关讨论：

❖ 为什么你们在第二次选择时会改变主意选择"超级冰箱"？

❖ 服务在现在的商业竞争中占有什么样的地位？

❖ 这个游戏对我们的观念有什么启发？

游戏总结：

❖ 服务是当今企业在竞争中制胜的关键。

❖ 服务的含义是在各个环节都让"顾客满意"，而不仅仅是"售后服务"。

编者提示：

❖ 游戏中有关冰箱的描述可换成其他产品的描述。

❖ 此游戏简单易行，课堂效果不错。

五、预防投诉比处理投诉更重要

随着近年来客户维权意识的增强和客户对服务期望值的不断提升，客户投诉尤其是升级投诉逐渐成为各行业重点关注的问题。所谓升级投诉，通常是指客户主观认为企业提供的产品或服务质量无法满足其期望，从而越过企业客服渠道向企业上级领导、管理部门、监管部门、媒体等渠道进行投诉。作为企业服务窗口的客服部门，面对不断攀升的客户升级投诉量更是压力倍增。如何采取一定的措施做好升级投诉的预防，有效控制及处理客户的升级投诉，并在维护客户与企业自身合法权益之间取得平衡，就显得尤为重要。

案例分享6-2

在旅游景点的旺季中，常常会看到这样一种情景，举着小旗的导游冲着游客喊："这就是著名的××景点，我们在这里只停留半个小时，请大家抓紧时间照相。"话音未落，一群男女老少蜂拥而上摆出各种姿势，只听各种相机一阵"咔嚓"乱响。一位国庆假期刚从华东五市旅游回来的朋友向记者抱怨道："这次玩的时间太少了，几乎都耗在了路上。每天都是清晨六点起床，白天大部分时间是在赶路，晚上九点多才能回到宾馆。全团的游客都累得吃不消了，根本没有心思欣赏风景，只盼着赶快回宾馆休息。此情此景真像过去的'拉练'。"不少客人，因为旅游过程大大低于预期，选择向旅行社投诉服务质量，甚至向旅游质量监管部门投诉。

【思考】请结合本案例分析，从旅行社产品设计、旅游销售接待人员角度，谈一谈如何帮助顾客选择合适的旅游线路，并降低游客的期待值。

📇 项目小结

◎核心概念：顾客投诉；投诉的原因；投诉的处理流程；预防投诉。

1.投诉的原因主要有：不被尊重、不平等待遇、被骗的感觉、心理不平衡、突发服务事件、合理需求未能解决或收到反馈。

2.会投诉的顾客是忠诚的顾客。

3.处理顾客投诉的流程：保持礼貌；耐心聆听；表示理解顾客感受；了解顾客的要求；达成共识，立即采取行动；如有需要，交给有关人员处理，及时跟进结果。

4.预防投诉比处理投诉更重要。有效控制及预防客户的投诉，并在维护客户与企业自身合法权益之间取得平衡。

🏂 挑战自我

活动名称：令人头痛的"8"

活动类型：服务质量管理

参加人数：不限

活动时间：5分钟

活动材料：无

场地要求：不限

活动目的：

❖让学员感受到时间压力是如何影响服务质量的。

操作程序：

1.讲师提出问题：在1至100中间，有多少个带8的数字？

2.请在10秒钟内在纸上写下你的答案。

3.讲师收集答案并检查正确性。

4.讲师出示正确答案。

相关讨论：

❖这个问题复杂吗？为什么还会有那么多人做错？

❖时间压力对品质的影响是怎样的？

❖我们如何保证良好的品质？

❖有什么原则可应用在现实生活中？

编者提示：

❖游戏总结：在时间压力下品质很难保证，我们要建立一个规范的流程确保服务品质。

❖正确答案：一共有19个：8，18，28，38，48，58，68，78，80，81，82，83，84，85，86，87，88，89，98。

❖如果想增加紧张气氛，讲师可将学员分成几个小组，号召小组之间展开竞赛，最快的小组可以获得奖品。

❖此游戏中的数字8可被任何个位数代替，比如1、6等。

✓拓展空间

案例：不合时宜的电话

案例一：齐先生吃完午饭洗漱过后，差不多12点半躺下休息，准备养足精神，下午出门谈一笔生意。刚有睡意，床头电话机突然响起来。齐先生被这"不速之声"惹恼，心想：我没有要求总机叫醒，中午打什么电话呀？他不情愿地接起电话"喂"了一声，只听得话筒里传来高亢的女声："先生，你的房间需要整理吗？""我需要的是休息！哪有中午整理房间的！"齐先生说完，生气地扔下话筒。齐先生本来就睡眠不好，要想再睡着就很难了。

案例二：林女士开了一天的会，十分疲倦，早早就躺下睡了。

"丁零零……"酣睡中林女士被电话铃声吵醒。她打开灯看看手机，已经22点了。林女士被这突如其来的铃声搅得头昏脑涨，十分恼怒，真不想接这个电话，但是铃声"执着"地响个不停。林女士只好拿起话筒，还没有张口招呼，对方已经说话："对不起，打扰了。我是本酒店宾客服务中心的，请问一下，您对我们酒店服务满意吗？"

林女士本来就因为酒店称中央空调坏了，送来一台落地电风扇降温而心里不爽，加上刚才睡得正香被吵醒，于是没有好气地答道："非常不满！号称五星级酒店，居然空调说坏就坏，还半夜三更征求什么意见，简直是笑话。如果不是因为会议指定住你们酒店，我早就搬到其他酒店去了！"说完，不等对方回应就撂下话筒。

案例三：陈先生在中午休息之前，将自己的手机设置了下午2点响铃。为保险起见，他还要求总机下午2点打个叫醒电话。

睡了一阵，床头电话机突然响起来。陈先生定一定神，没有听到手机铃响，心中不免纳闷。他拿起话筒，听到里面传来电脑播放声音："这是您的叫醒时间，这是您的叫醒时间……"

陈先生看了看手机，不是下午2点，而是下午1点50分。于是，陈先生回拨总机电话，问为什么没有按时叫醒？对方却如此回应："为了让您有充分的准备时间，我在您定的叫醒时间基础上，提前10分钟设置了电脑叫醒。"

陈先生啼笑皆非，心想：也许是话务员记错了客人要求的时间，抑或电脑出了故障，话务员就随口找个理由搪塞我吧。他也就不再计较了，只是说道："我住过不计其数的酒店，还真是头一次遇到你这样细心、考虑这么周到的话务员呢！"

【案例分析】

案例一中，房务员在中午可以安排整理"请速打扫"房、走客房和维修完毕房。对于住客房，如果住客没有通知请速打扫，都应挪到午休过后（如下午3点之后）再打电话询问。该案例中，房务员在午休时间擅自打电话进房，直接打扰了客人的休息，明显不妥。

案例二中，客人对酒店硬件不过关本来就有怨气，再遇上"夜访"干扰其休息，难怪不满。建议案例二中的酒店先花心思把硬件搞好，同时更要注意选择合适的访客时机和方式。

从案例三来看，很大可能是话务员"灵机一动"找借口搪塞客人，因为在叫醒服务规范中不可能有所谓"在客人定的叫醒时间基础上，按提前10分钟设置电脑叫醒"的规定。服务出现问题，就要老老实实承认并向客人道歉，以求得客人的谅解。当然，如果该酒店真有这种不合理的规定，应立即改正。

资料来源：陈文生. 不合时宜的电话［N］. 中国旅游报，2016-09-16（6）.

项目七　心理压力管理及良好心态塑造

项目导言

在顾客抵达服务型企业后，会调动自己的感官，欣赏我们优质服务中的一举一动，如是否热情、周到、礼貌、友好，服务是否快速，员工的配合是否有序、员工精神面貌是否良好等。课程将以服务型员工自我心理压力管理、服务心理训练、良好心态塑造为重点，分析为什么会有心理压力、心理压力的危害有哪些以及如何做好心理压力管理。同时加入最新的自我心态素质训练、测评等主题单元，做交流、互动式培训。

项目目标

◎认知心理压力的原因；

◎了解心理压力的危害；

◎掌握做好心理压力管理的技巧；

◎掌握改变心理压力的工具；

◎能领悟阳光心态、乐观心态的重要意义。

互动导入

在南通一栋占地8万平方米的大楼内，每天有超过5 000人24小时不间断地通过电话为用户提供服务，每天接入的电话量超过17万通。这里就是携程呼叫中心（南通）。15年来，携程呼叫中心收获了很多荣誉——"金耳唛杯"终身荣誉企业奖、金音奖之2013年中国最佳客户体验奖、2015中国最佳客户联络中心——客户服务奖等。近期，新华社大篇幅报道了这个超过15年发展历程、亚洲领先的呼叫中心，也让这个一直隐身"幕后"的企业，走进了公众的视野。

事实上，无论是早期的"鼠标+水泥"，还是携程董事长"二次创业"提出的"拇指+水泥"，呼叫中心在携程整个业务链中的重要性都不言而喻。从上海徐家汇教堂南侧气象大楼200平方米的小公司到现在成长为仅南通呼叫中心就占地8万平方米的OTA巨头，携程凭借呼叫中心征战杀伐，加快了扩疆辟土的步伐。如今，携程对于优质服务的坚持，让呼叫中心的价值越来越凸显。

从业人员流动性太高是时下不少服务中心面临的难题，而携程呼叫中心的员工离职率却是同行业中较低的。呼叫中心员工的月流失率目前只有2%，而且这一数字逐年递减，而同行的这个数字是平均每月5%到10%。

近几年，携程管理层发现，一些工作了两三年、正处于事业上升期的优秀员工会突然选择离职。"沟通下来，并不是因为工作压力大、不顺心或者待遇方面的问题。如果一个、两个是个案，那么一批人离职，就不能再说是偶然了"。管理人员如此说道。

经过将近半年的调研和走访，携程管理层找到了症结所在。以南通呼叫中心为例，员工普遍年龄22岁左右，基本来自周边城市，在南通租房居住。工作几年后，不少人按照家人要求，回家结婚或者侍奉父母。

后来，携程决定在呼叫中心员工家乡比较集中的几个地区开设分公司，让这些员工可以兼顾家庭与工作，携程的这一举措自然得到了员工的一致欢迎。携程数据显示，目前，携程已经在安徽合肥、江苏如皋等地设立了呼叫中心分部，其中如皋地区的员工数量已接近1 000人。

除了将分公司开到员工家乡，携程呼叫中心还在试点"在家办公"。"我们发现很多员工家离公司非常远，来回要三四个小时。此外，一些新妈妈也有照顾孩子的需求，于是，我们考虑让她们在家办公"。

不久，携程的管理层就发现，在家办公的员工，工作状态更好，工作效率也更高。数据显示，在家办公的员工，所处理业务的一次解决率（即一次来电就解决用户的需求、用户针对同一问题无第二次电话呼入）要比在公司办公时高出近5个百分点，获得的好评也相对要高。

互动问题

请大家根据以上案例进行现场研讨，并思考以下两个问题：

（1）案例中携程是如何做到管理人性化，并切实减轻员工就业压力的？

（2）请根据自身工作实际，谈一谈"携程呼叫中心的员工离职率是同行业中较低"的原因。

学一学

一、为什么会有心理压力

1.压力是什么

压力一词既可以是物理、医学概念，也可以是心理学概念。压力（Stress）是一个外来词，来源于拉丁文"Stringere"，原意是痛苦。现在所写的单词是"Distress"（悲痛、穷困）的缩写，有"紧张、压力、强调"等意思，压力会影响人们的身心健康，早已被公认。心理学家汉斯·塞尔斯（Han Selye）是第一个使用术语"Stress"（压力）的人。我们可以这样理解，任何能够影响人们生理或者心理健康的干扰就可称为压力。

2.理解心理压力

"压力就像一根小提琴弦，没有压力，就不会产生音乐。但是如果弦绷得太紧，就会断掉。你需要将压力控制在适当的水平——使压力的程度能够与你的生活相协调。"

知识点链接7-1——认知评价的结果

1.积极：皮层唤醒水平提高，积极的情绪反应，集中注意力，积极思考，根据现实调整需要与动机，对传入信息进行正确评价，发挥应对能力。

2.消极：过度唤醒（焦虑），过度情绪唤起（激动）或低落（抑郁），认知能力下降，自我概念模糊，不能正确判断及有效应对。

3.有心理压力一定是坏事吗？

根据压力影响行为的规律分析，一般压力情况下，会有最高绩效表现。

4.适当的紧张有利无害

适当的紧张可以调动身体的能量，肾上腺素分泌增加，血糖升高，兴奋性增强，速度和效率提高。

互动活动7-1——画树游戏

活动类型：良好心态塑造

参加人数：不限

活动时间：5～10分钟

活动材料：A4纸

场地要求：不限

活动目的：

哲学家和心理学家都承认每个人的性格橱柜里都有一套"面具"。虽说面具下的我们才最真实，但是面具戴久了，可能会分不清，哪些是本性，哪些是面具。每个人对树木都有不同的意象。所以画树木的时候，无形中会表露出自己。

操作程序：

1.讲师事先为每个人准备好一张A4纸及画笔。

2.请学员在A4纸上，依照个人所想象的，画一棵大树。

3.无需思考，仅凭直觉快速完成即可。

4.如图7-1所示，把树分为十字形。从所画树木的左、右、上、下更偏向哪一方，可推测出你的潜意识。

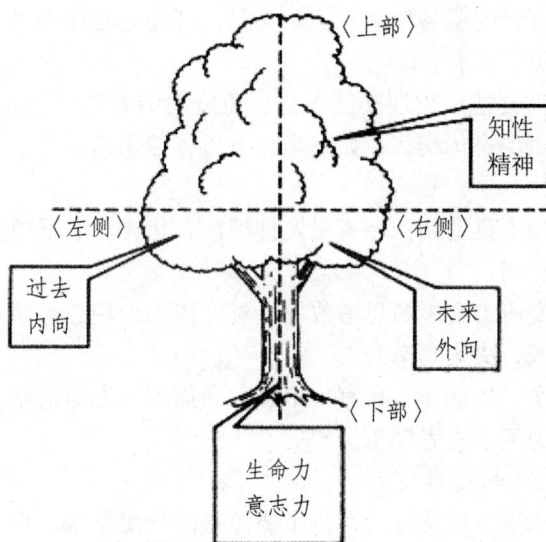

图7-1　个人想象的大树

相关讨论：

*树枝的部分：代表你在现实环境中的表现，可以看出你的生活行动模式（表现力）。

*树干的部分：表示你自我倾听的意识，即本能、爱欲及情感等（生命力）。

*树根的部分：意味着平时隐而不见的潜意识，也可看出你的自制力。

*愈是强调树的上方，愈是属于理智型，属于追求精神生活的人。如果下方画得大，表示意志力强，有冲劲儿。

*如果偏向右或把右方画得大，表示外向，且对未来充满希望。相反的，如果是强调左方，则表示内向，常拘泥于传统，不敢贸然行事。

*这棵树，画得愈是上下左右均衡，表示你的性格愈稳定，待人处世也较周全。

游戏总结：

看你怎么强调这三大部分，就可窥探出你的潜意识与性格，如果树枝部分很茂盛，即可知此人表现欲强，如果树干细长，表示此人敏感易受伤害。

二、心理压力的危害有哪些

1.心理压力的可怕之处

人的五种层次需求与心理发展均有关系，其中自我实现需求是人生追求的最高目标，它包括能充分发挥自己的最大潜能（智能和体能）、完成有成就感的任务等。个人的发展归根结底体现在寻找自我实现上，通过自我超越达到个体充分发挥的目的。但是，随着现代社会日益激烈的竞争，心理压力也随之而来，据相关机构介绍，每天有数以万计的服务型企业从业人员，因为心理压力过大而生病请假。

2.心理压力给我们带来的影响

（1）生理：短期会造成生理功能兴奋、免疫功能紊乱（过高或下降）；长期的生理影响是可能会出现身体疾病，如发生高血压、偏头痛、消化道溃疡或者持续性腹泻。

（2）心理：引起不良情绪。轻者引发抑郁症、焦虑症、适应困难等应激性心理障碍，重者诱发精神病。

（3）认知：适度压力会提高思考效率，过度压力会使思考认知功能下降，注意力不集中，目光短浅，决定草率。

（4）行为：逃学、搞破坏、具有攻击性、向周围人发泄情绪、酗酒、滥用精神活性物质、家庭暴力等，重者轻生。

3.心理压力反应——生理反应

心理压力的反应就生理反应而言，主要源自内分泌系统、自主神经系统、心脑血管系统、消化系统、肌肉、皮肤等方面。

知识点链接7-2——测谎仪

"测谎仪"的原文是Polygraph，直译为"多项记录仪"，是一种记录多项生理反应的仪器，可以在犯罪调查中用来协助侦讯，以了解受询问的嫌疑人的心理状况，从而判断其是否涉及刑案。由于真正的犯罪嫌疑人此时大都会否认涉案而说谎，故俗称为"测谎仪"。准确地讲，"测谎"不是测"谎言"本身，而是测心理所受刺激引起的生理参量的变化。所以"测谎"应科学而准确地叫作"多参量心理测试"，"测谎仪"应叫作"多参量心理测试仪"。

4.心理压力反应——心理反应

（1）认知功能。

压力可能会降低或提高注意力、工作能力和逻辑思维能力。

（2）情绪反应。

情绪反应包括焦虑、不安、恐惧、易怒、沮丧、攻击、无助、成就感低等。

（3）行为反应。

行为反应包括失眠、生产力降低或升高、行为慌乱、易发生意外事件等。

5.过度心理压力的危害

心理压力向疾病转变的模式：生活情境→觉知压力→情绪觉醒→生理觉醒→疾病。

6.长期心理压力易引起的疾病

长期心理压力易引起高血压、冠状动脉疾病、消化道溃疡、偏头痛、紧张性头痛、癌症、气喘、过敏症、风湿性关节炎。

三、如何做好心理压力管理

1.理清感受，界定你的心理压力所在

①我目前最关心、担忧的事是什么？

②我目前所承受的最大压力是什么？什么时候我会有所感觉？我必须为此做些什么？

③改变我命运的是什么？

④我期望能在此生中达到的目标是什么？

⑤我在这一生寻求的最重要的报酬是什么？

⑥我曾有过哪些强烈、令人满足又很有意义的经验？未来我还希望有哪些种类的经历？

⑦现在我的生活中有哪些重大的约束和限制，以至于我很难取得我所寻求的目标或成绩？

⑧我想停掉哪些不再去做的事？我想开始去做或学着去做哪些事？

⑨我能期望怎样的理想未来？想象一下你希望去经历些什么？以及你希望能一起生活或共事的人？

⑩未来几年我必须要做的重要抉择是什么？

2.心理压力的来源

（1）社会环境因素

社会环境因素主要包括经济不景气，社会变迁的速度，噪声、空气污染、交通堵塞、拥挤的空间等。

（2）工作环境因素

工作环境因素包括任务方面、角色方面、人际关系、组织结构等。

第一，任务方面，表现在资源条件不佳、任务过重、任务多样化。

第二，角色方面，表现在角色负担过重、角色混淆。

第三，人际关系，表现在同僚的支持与否。

第四，组织结构，表现在组织结构呆板、管理落后。

（3）个人能力与期待

个人能力与期待包括个人解决问题的能力、处理人际关系的技巧、个人的抱负与理想、对他人或自己的期待与看法等。

（4）重大生活事件

重大生活事件包括婚恋、亲子关系、健康问题等。

3.常见的心理压力源

①升学与就业的压力。

②工作的压力，如最后期限、任务负担、展示自我、与他人意见不同等。

③人际关系的压力，包括上下级关系、同事合作问题、竞争问题、婚姻家庭危

机问题、朋友间的分歧等。只要感到有失去自尊、失去被爱的情况出现，就会感到压力。

④经济的压力，没钱有没钱的压力，有钱有投资风险的压力。

⑤选择目标困惑的压力。

⑥生活中不愉快的突发事件。

⑦自我引发的压力，追求的目标过高。

⑧生理的压力：疾病、肥胖、衰老、睡眠不良等。

互动活动7-2——生活事件与心理压力指数测试

活动类型：心理压力管理

参加人数：不限

活动时间：5~10分钟

活动材料：纸张

场地要求：不限

活动目的：

1. 让学员感受到心理压力管理的重要性。

2. 放松，增加培训乐趣及自我测定。

操作程序：

1. 讲师事先准备好纸张发给每一个学员。

2. 学员根据个人近期发生的事件，进行针对性选择，依据括号后分数进行分数计算，从而得出总分，并进行针对性剖析。

配偶死亡（100）；离婚（73）；夫妻分居（65）；入狱（63）；亲近家属死亡（63）；本人受伤或生病（53）结婚（47）；失业（45）；夫妻复合（45）；退休（45）；家人的行为或健康产生重大变化（44）；怀孕（40）；性行为障碍（39）；家庭增加新成员（生产、收养、长辈迁入）（39）；生意上重大变化（并购、组织重整、破产）（39）；财务状况重大变化（比平常更拮据或富裕）（38）；亲密的朋友去世（37）；变换工作（36）；与配偶争执的次数产生变化（不管增加或减少）（35）；贷款超过30万元（买房子、做生意）（31）。

游戏总结：

1. 解读心理压力指数。

2. 未来两年内得与压力相关的疾病的概率：

0~149分：有10%的概率。

150~199分：有40%的概率。

200~299分：有50%的概率。

大于300分：有80%的概率。

4.压力应对的方法

（1）认知调节

自我决定理论、归因理论、针对压力源的分析、社会比较、乐观主义、控制感。

（2）行为调节

营养搭配、呼吸和放松训练、系统脱敏法、倾诉、寻求社会支持、体育运动。

5.如何缓解心理压力

音乐疗法、运动疗法、宣泄法、幽默疗法、冥想法。

互动活动7-3——放松训练

缓慢地、均匀地呼吸，或者默数呼吸的次数，缓慢地呼，缓慢地吸，循环往复。

逐步放松自己的前额、脸部、下颚、颈部、肩膀、胳膊、肘部、手、胸、腹，最后是双腿。

先使肌肉紧张5~7秒，然后放松15秒，注意肌肉的感觉。

在一次放松期间要重复2~3次，一般总共持续20~30分钟。

四、良好心态塑造方法

1.生命的本质在于追求快乐

使得心情愉悦的途径有两条：第一，发现使你快乐的时光，增加它；第二，发现使你不快乐的时光，减少它。

2.改变心理压力的工具

第一个工具：改变态度

我们改变不了事情就改变对这个事情的态度。事情本身不重要，重要的是人对这个事情的态度。态度变了，事情就变了。

第二个工具：学会享受过程

生命是一个过程而不是一个结果。享受过程，精彩每一天！

第三个工具：活在当下

什么是活在当下？禅师回答："吃饭就是吃饭，睡觉就是睡觉，这就叫活在当下。"重要的事情就是现在你做的事情，重要的人就是现在和你一起做事情的人，重要的时间就是现在，这种观点就叫活在当下。

第四个工具：学会感恩

怀着爱心吃菜，胜过怀着恨吃肉。只有感恩才会懂得珍惜，感恩实际上就是在丰富自己的人生，感恩让我们变得更快乐！

反思一下：为什么我们能原谅一个陌生人的过失，却对自己的身边的人犯的小过错耿耿于怀？为什么我们可以为陌生人的点滴帮助而感激不尽，却无视朝夕相处的人的种种恩惠并视之为理所当然呢？

第五个工具：学会调整

压力太大的时候要学会弯曲。刀再锋利，如果一碰就断，也没有什么用。我们要向中国传统文化中的太极学，阴阳平衡，以柔克刚。

案例分享 7-1

美国社会心理学家阿希做了一个实验。他给被试者看一张列有聪明、灵巧、勤奋、坚定、热情等五种品质的表格，要求被试者想象一个具有这五种品质的人。被试者普遍把具有这五种品质的人想象为一个理想的友善的人。然后，他把这张表格中的热情换为冷酷，再要求被试者根据这五种品质想象出一个适合的人。结果发现，被试者普遍推翻了原来的形象，而产生了一个完全不同的形象。可见，最后那种品质起着晕轮效应，影响了对一个人的总体印象。

【思考】请结合本案例分析，上述实验说明了什么问题。

项目小结

◎核心概念：压力；心理压力；心理压力产生的原因；心理压力管理；良好心态的塑造。

1.理解心理压力："压力就像一根小提琴弦，没有压力，就不会产生音乐；但是如果弦绷得太紧，就会断掉。"

2.过度心理压力给我们带来的影响：生理、心理、认知、行为。

3.心理压力来源：社会环境因素、工作环境因素、个人能力与期待、重大生活事件等。

4.压力应对的方法：认知调节、行为调节。

5.缓解心理压力的方法：音乐疗法、运动疗法、宣泄法、幽默疗法、冥想法。

6.良好心态塑造方法：改变态度、学会享受过程、活在当下、学会感恩、学会承受、学会调整。

挑战自我

活动名称：意念的力量

活动类型：观念意识类

参加人数：不限

活动时间：5分钟

活动材料：无

场地要求：不限

活动目的：

❖用于演示说明意念本身是有力量的。

❖ 思想上的暗示能造成行为的差异。

❖ 增加培训乐趣。

操作程序：

1.请全体学员双手合拢，手指交叉握在一起，但伸出两个食指，保持平行，相距大约2厘米~3厘米。

2.然后请大家假想在两个食指之间有着一条很紧的橡皮带。

3.这时，讲师用非常深沉的音调，很慢很慢地说："你能感觉到橡皮带的力量，它把你的两个食指越拉越近，越拉越近……"

教室里会响起的一片笑声，或是一些学员脸上的微笑告诉你，课堂中至少一半的学员已经接收到了你的意念指示：他们的手指靠拢了。经验指出，一般会有一半到2/3的学员会随着你的指示而有所反应。

相关讨论：

❖ 是什么使得手指动了？

可能答案：受到某种强烈的暗示→意念的力量→没感觉的效仿→人往往会不由自主地受到意念的控制。

❖ 那些手指保持不动的同学，你们是如何反抗"橡皮带"的力量的呢？

可能答案：更强大的"意念力量"，比如，"我偏不这样做"，这也说明了活动的目的，即意念的力量是强大的。

活动总结：

❖ 意念本身是有力量的。

❖ 思想上的暗示能造成行为的差异。

❖ 我们要对自己进行积极的心理暗示，做一个乐观向上的人。

❖ 要想改变一个人的行为，先改变一个人内心的观念。

✓拓展空间

压力管理，是每个人一生的修炼

在心理学上，压力是个体在察觉"需求"与满足"需求"不平衡时表现出的身心紧张状态。按照美国著名应激心理学家拉扎鲁斯（Lazarus）的话，心理压力是个人感受到的要求与资源的不平衡感，而压力应对则是个人试图控制这种不平衡感所做出的努力。

心理学研究表明，适度的压力会激发人的动机和表现。按照耶基思-多德森法则（Yerkes-Dodson Law），各种活动都存在动机的最佳水平。动机不足或动机过分强烈，都会使工作效率下降。换言之，当个人的行为动机处于一个最优值时，其工作效率是最高的；而当个人的动机低于或高于这个最优值时，其工作效率都不能达到最佳表现。所以，适度的压力是身心健康的保障。在运动心理学上，这又被称为倒"U"形理论。

下面介绍一个压力管理小贴士:"十出压力法"。

一、说出压力

就是通过找一位知心好友或心理咨询师来排解内心的烦恼,调整心态。

二、写出压力

就是通过写作,如日记、散文、诗歌等来调整心态,积极生活。

三、动出压力

就是通过某项体育运动,如跑步、打球、打太极等来调整心态。

四、唱出压力

就是通过唱歌,如卡拉OK等,来排解内心的烦恼,调整心态。

五、笑出压力

就是通过讲笑话、调侃、聊天等来排解内心的烦恼,调整心态。

六、泡出压力

就是通过泡澡,如在家泡澡或泡温泉等,来排解烦恼,调整心态。

七、养出压力

就是通过养小宠物、花草来排解烦恼,调整心态。

八、帮出压力

就是通过帮助他人,如从事某项公益活动,来排解烦恼,调整心态。

九、坐出压力

就是通过内观、静思、冥想活动来排解烦恼,调整心态。

十、游出压力

就是通过旅游来排解烦恼,调整心态,积极生活。

资料来源:根据相关资料整理。

项目八 个人职业化与职业化团队

项目导言

拥有任何一个职业，我们都会考虑同一个问题——我们应该如何去工作？追根溯源就是两个字——用心，但用心的前提是"心的质量"，这就需要我们用道德与意识来提升修养，提升"心的质量"。同时任何一个组织，都需要团队的打造，需要团队的职业化，职业化已经成为服务型企业核心竞争力的重要指标。项目通过个人职业化与团队职业化交流、互动，结合服务型企业相关工作氛围要求，旨在提升受训学员工作职业素养，帮助学员养成有责任、有担当的职业心态。

项目目标

◎认知个人职业化；

◎掌握个人职业化的培养技巧；

◎理解职业化团队的内涵；

◎掌握职业化团队的打造技巧；

◎能领悟培养自己核心内涵与工作气质的重要意义。

互动导入

一位31岁的女士8月31日刚考完保险代理人的全国统考，却还是犹豫不决是否应该做保险。她的同学在一家外资的保险公司做经理，她看了同学上个月的工资单，一个月收入几万元，所以动了心，参加了保险代理人的培训。

广州一家著名的外资保险公司的张先生也想做职业定位。他说现在回到家一句话也不想说，什么也不想干。保险代理行业是否也像一座围城——里面的人想出来，外面的人想进去。要确定自己是否适合做保险，至少要考虑以下两个方面：

第一，你的身体是否够好？

张先生今年32岁，我问他：年纪大了做保险会不会觉得体力跟不上？

他说：我现在主要是做老客户，还是觉得很辛苦，身体很疲惫。当然如果客户说要买保险，我出门还是很有精神。

他说做保险的确很辛苦，并举例说：广州一家人寿保险公司业绩第一名的某先生，是赚了很多钱，但现在得了胸膜炎，年近四十，还是"王老五"一个。所以你在决定做保险之前要想一想自己：是否够年轻？体力是否够好？

第二，你是否很喜欢交朋友？

很多人说我很喜欢交朋友！但是，如果你不是有目的，也很喜欢约别人出来坐坐，花很多时间与别人聊一些你并不感兴趣的话题吗？当你正忙的时候，你愿意放下手中的活并耐心地听别人诉苦吗？你愿意牺牲自己的时间、金钱去帮助别人吗？如果不是，那你不算是真正喜欢交朋友。

很简单的道理：朋友越多，保险业务就越多。你是否真心愿意跟别人交朋友，别人心里很清楚。

你的朋友多吗？这是你在决定是否做保险之前应该考虑的第二个问题。

互动问题

请大家根据以上案例进行现场研讨，并思考以下问题：

你对你从事的职业了解多少？如不了解，应该怎样去加深了解？

学一学

一、什么是个人职业化

什么是个人职业化？职业化是一种工作状态的标准化、规范化、制度化，即在合适的时间、合适的地点，用合适的方法，说合适的话，做合适的事。个人职业化就是使个人在知识、技能、观念、思维、态度、心理上等符合职业规范和职业标准，其包括以下三个层面的内容：

1.专业化

员工专业化的要求，需要过硬而持续的岗位素质，并具备扎实的岗位专业知识和过硬的岗位专业技能。

2.服务化

员工服务化要求具有优秀而系统的服务意识，如优秀的个人服务意识、系统的团队服务氛围。

3.形象化

首先是职业形象，主要是指员工需要具备通用职业礼仪与岗位规范，包括职业化的仪表与举止、独立的工作思维等。

其次是组织形象，是指企业必须具备品牌形象意识及行业综合形象意识，包括公司价值的统一、每一个员工必须有意识地代表企业、员工必须在职业圈子内树立形象等。

知识点链接8-1——把工作当成事业而不只是一个谋生的工具

把工作当作事业包含三层含义：第一，作为自己的事业，那必须有一个积极的心态，这是干事业的加油站；第二，既然是事业，那就得有一种契约精神，这是干事业的灵魂；第三，既然是事业，那就首先要把工作干好、要能够为客户创造价值，这是干事业的基本功。

二、个人职业化的培养

个人职业化的培养，需要发现职业带给自己的改善、提升与快乐。要个人职业化，就要首先抛弃自己的一些行为习惯，融入企业的主流文化的行为习惯中，不要游离于企业之外。

1.个人职业化的基本要求

（1）要融入企业的文化中

每个企业都有自己的文化，比如天天加班是一种文化，每天早上开晨会下午开夕会是一种文化，同事间称呼用英文名是一种文化，上班着正装是一种文化，上班穿着随意也是一种文化。文化是企业的一种传统，是一个很广泛的概念。

所以，职业化首先要跟企业的主流文化相匹配。大家都加班，你能不加班吗？大家都穿正装，你能穿休闲装吗？大家都西装革履打领带，而你却穿着牛仔裤，裤子上还露出两个大洞吗？

（2）要融入到团队中

团队中有两类人：一类是同事，另一类是上司。同处在一个团队中，大家应该和同事处好关系，应该和上司处好关系。"融入团队中"，就是要求我们必须和同事处好关系、和上司处好关系。我们要尊重同事、尊敬上司。

（3）在工作中不断成长

员工都希望工作几年甚至几十年后，除了年龄增长了，其他方面会有更大的成长，这是职业化进程的方向和收获。

2.干一行爱一行的职业态度与精神

每个员工最重要的事是做正、做好自己该做的。干一行就要爱一行，这是起码的职业道德；追求完美，尽量把每个细节做好，工作不自满，不断改进，争取做得更好，将细节之处做得更完美，这样才会在工作中进步，才能不断提高自己的能力。

3.干一行精一行的职业知识与技能

一个人无论从事什么职业，都应该做到干一行精一行，不断提升自己的职业知识与技能。干一行精一行是服务型员工应该具备的优秀职业品质，也是所有的职业人士都应遵从的基本价值观。

三、什么是职业化团队

职业化团队更加规范，在管理上和运作上都达到了比较成熟的专业程度，所以要打造职业化团队，帮助企业良性发展。随着"人才是第一生产力""人才是核心竞争力"等观念的深入人心，企业只有不断优化人才建设体系，打造出一支职业化团队，才能保证企业的整体竞争优势。

知识点链接8-2——说文解字：拥有"钱的三个阶段"

第一阶段要挣钱："手"和"争"组成；

第二阶段是生钱：一个平台和"牛"组成；

第三阶段是来钱：繁体字的"来"由"三个人"组成，形成团队。

1.什么是团队

（1）团队的定义

团队是指由三人以上构成、有一致认同的特定愿景和目标的群体，其成员之间形成了相互尊重、相互信任、相互关心、相互激励、相互配合、相互支持等团队精神。

（2）群体

群体的英文叫作Group，团队的英文叫作Team，团队不同于群体。群体可能并不具备高度的战斗能力，而团队则必须要满足三个条件：自主性、思考性、合作性。

2.什么是职业化团队

职业化团队分为正式团队、非正式团队。

第一，正式团队，是指正式组织结构形成的工作小组，有制度赋予的从属关系。

第二，非正式团队，是指与非正式组织相对应，员工基于共同利益、背景喜好及个人经验，自然花时间在一起形成的团队。

3.职业化团队的特征

职业化团队的特征包括：有明确的共同目标、有效的工作流程、灵活良好的合作、持续的学习、开放高效的沟通、共享的领导、职业化的员工、相互信任和尊重。

职业化团队的打造，需要有个职业化好领导、有具体的团队愿景、有具体的角色分解、有真正的容忍担当，并且需要协调个人需要、群体需要、工作需要三者的关系，当三者利益一致时能保证最佳业绩，如图8-1所示。

（1）有个职业化好领导

有个职业化好领导就要求领导自身职业化及领导方式职业化，以适应新形势要求。

（2）有具体的团队愿景

团队的愿景往往反映在遇事的反复沟通、成员的互利共享上等。

（3）有具体的角色分解

具体的角色分解要求做到事务到人、责任到人。

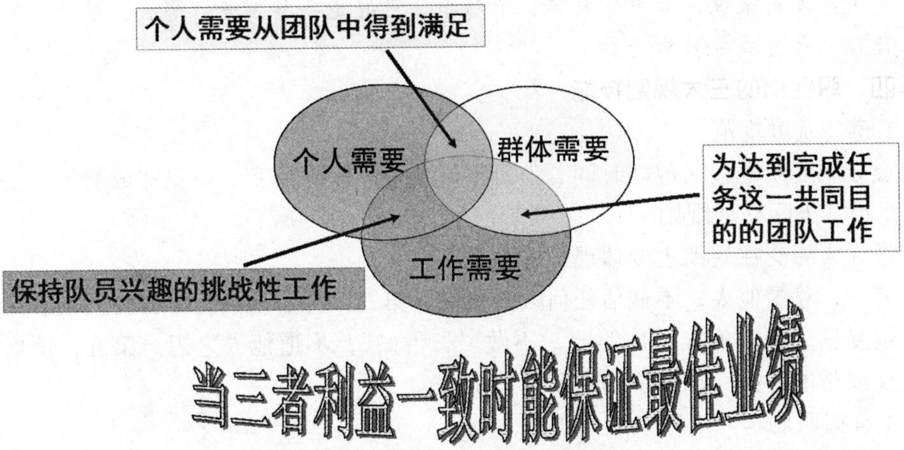

图8-1　团队互利共享关系图

4.有真正的容忍担当

真正的容忍担当，需要员工之间将心比心，多为别人的处境考虑，并学会用责任心去勇于担当。

案例分享8-1

狮子和羊的故事（1）

在一场比赛中，一群狮子轻松地打败了一群羊，羊群很不服气，认为是领导的问题，于是它们各自交换了队伍：开始由一只狮子带领一群羊和一只羊带领一群狮子进行比赛，它们回去准备后，会发生什么样的事情呢？

羊带领的狮群这一边准备与狮子带的羊群开始战斗。当羊走到狮群的前面时，狮子们都笑了：他们认为这不可能，这是外行领导内行，不懂技术的羊怎么能带好这支队伍呢？所有的狮子都不服气，自然羊也没有办法发号施令。而狮子带领羊群这一边，情况就完全不同。羊们都很尊敬狮子，也都听从狮子的安排，训练进行得很好。新的比赛开始了，军心涣散和没有经过良好训练的狮群被狮子带领的训练有素的羊群打败了。

【思考】狮群之所以不服从羊的领导，是因为羊不懂专业，是个外行。羊的战斗本领跟狮子们存在极大的差距，要想统领狮群，还真是难为了羊啊。简单的发号施令都没办法进行，羊又如何去做思想动员、战斗指导，那么，羊领导的狮群的战斗力也就可想而知了。一个团队的战斗力归根结底要看领导者的领导和管理能力。作为领导者，起码要有他人不及之处，要令人信服。对于企业老板们来讲，招聘到优秀员工固然重要，但更为重要的是选好各级管理者，包括高层领导、中层经理、基层主管。羊群可以由出色的羊或狮子来领导，但当谨记，千万别让羊去领导狮群。对于经理人来说，如果你是羊，不巧下属正好是一群狮子，那么，最好加紧充电，让自己也变成一只狮子。

四、职业化的三大规则技能

1.遵守制度规范

遵守制度规范包括遵守时间、上班不做私事、保守秘密、不墨守成规等。

2.遵守人际交往规则

遵守人际交往规则主要体现在：

第一，尊重他人，不低估任何人的价值。第二，理解他人，学会与人共事。第三，接受别人原来的样子。第四，不做"长舌妇"，不道他人之短。第五，请别人提建议或帮忙。第六，遇事请主动帮助别人。

3.掌握职场学习规则

职场需要掌握的学习规则包括向书学、向人学、向环境学、向事情学。

🔍 知识点链接8-3——职业化提升的建议

1.积极——千万不要停留在问题上。

2.积累——永不停止学习。

3.积德——用做人的态度去做事。

4.小改变大不同——给自己列一张"行为表"，要明确什么要做，什么不要做。

5.形象要靠行为建立。

6.找到属于自己的核心内涵与工作气质。

👤 项目小结

◎核心概念：个人职业化；个人职业化的培养；团队；群体；职业化团队。

1.个人职业化：专业化、服务化、形象化。

2.个人职业化的基本要求：要融入企业的文化中、融入团队中、在工作中不断成长。

3.职业化团队的特征：有明确的共同目标、有效的工作流程、灵活良好的合作、持续的学习、开放高效的沟通、共享的领导、职业化的员工、相互信任和尊重。

4.职业化团队的打造：有个职业化好领导、有具体的团队愿景、有具体的角色分解、有真正的容忍担当。

5.职业化之三大规则技能：遵守制度规范、遵守人际交往规则、掌握职场学习规则。

挑战自我

活动名称：赢得用户

活动类型：团队建设

参加人数：不限

活动时间：25分钟

活动材料：（讲师用）小毛绒玩具、乒乓球、小塑料方块各1个，将以上材料装在一只不透明的包里

场地要求：室内外约6平方米左右的空间

活动目的：

❖让学员体会团队共同合作完成任务时的合作精神。

❖让学员体会团队是如何选择计划方案以及如何发挥所有人的长处的。

❖让学员感受团队的创造力。

操作程序：

1.将学员分成小组，每组不少于8人，以10~12人为最佳。

2.讲师让学员站成1个大圆圈，选其中的1个学员作为起点。

3.讲师说明：我们每个小组是一个公司，现在我们公司来了一位"客户"（即毛绒玩具、乒乓球等）。它要到我们公司的各个部门都看一看，我们大家一定要接待好这个"客户"，不能让"客户"掉到地下，一旦掉到地下，"客户"就会很生气，同时游戏结束。

4."客户"巡回规则如下：

A."客户"必须经过每个团队成员的手游戏才算完成。

B.每个团队成员不能将"客户"传到相邻学员的手中。

C.讲师将"客户"交给第一位学员，同时开始计时。

D.最后拿到"客户"的学员将"客户"拿给讲师，游戏计时结束。

E.不能同时有3个或3个以上学员接触"客户"。

F.学员的目标是追求速度最快化。

5.讲师先用一位"客户"让学员做一个练习，熟悉游戏规则。真正开始后，讲师会依次将3位"客户"从包中拿出来递给第一位学员，所有"客户"都被最后一位学员传回讲师手中时游戏结束。

6.此游戏可根据需要进行3至4次，每一次开始前让小组自行决定用多少时间。讲师只需问"是否可以更快"即可。

相关讨论：

❖活动中，你们对自己哪些方面感到满意？

可能答案：试用了多种方法；大家能同心协力；每个人都积极发表意见……

❖活动中，哪些方面觉得需要改进？

可能答案：一开始思想没有放开，有些局限；没有充分了解游戏规则；过于急功近利。

❖活动中，你们有什么体会？

可能答案：成功需要团队所有成员的参与和配合。

游戏总结：

❖要想赢得客户，企业的每个部门都要相互支持和合作。

❖销售的成功并不是销售部门的事情，而取决于全公司的支持。

❖要想在激烈竞争的环境中赢得客户，发挥团队的创造力是非常重要的。

❖创造力的发现需要尝试，更需要每个人的支持。

❖团队的创造力决定了团队的质量和前景。

编者提示：

❖游戏非常有趣，材料不多且容易操作。

❖学员基本上都能非常有兴趣地投入游戏中。

❖讲师可以采用任何其他3样东西代替以上道具。

❖要想增加难度，讲师可以增加"客户"的数量。

✓ 拓展空间

狮子和羊的故事（2）

羊带领的狮群又一次开始准备与狮子带领的羊群战斗。

羊带领的狮群总结了上次失败的教训，认为这是孙子兵法中提到的"上下同欲"的问题：只有上下一致，才有可能取得胜利。这一点得到了狮群的共识，他们也虚心接受了羊的批评，并表示会听从羊的领导，认为下一次一定会打败对手。于是羊带领狮群开始了战前准备会，大家一起讨论克敌制胜的办法。狮子们经验丰富，各自说出了很多行之有效的好办法，羊虽然认为很多意见都很好，但想在众多狮子的建议声中找到最合适的却是件难事，事实上他已经很难做出正确的判断了，最后的决定几乎是采用抓阄决定的。虽然在这次讨论开始时大家都有很高的热情，但是在结束后却让众多的狮子很失望：一部分是因为自己的建议没有被采纳，另一部分是认为这个集体太不团结，根本没有前途。

狮子带领羊群这一边，情况就完全不同。羊们都尊重狮子的领导能力和战斗经验，尽管也有提出建议不被采纳的情况，但心里也没有不平衡，毕竟自己没有经验嘛。战前的准备和训练进行得很好。

新的比赛又开始了，狮群出现了分裂，几股狮群采取了不同的策略，由于没有互相支援，被团结的羊群再一次打败了。失败后狮群还在互相指责。

【思考】为了赢得战斗，狮群接受了羊的领导，狮子们开始为团队出谋划策，但遗憾的是，作为领导者的羊缺乏分析判断能力、决策能力，无法在众多的建议声中统一思想和行动方案，通过抓阄决定的行动方案在执行力上自然大打折扣。

羊不能做出正确的判断，深究原因，其实就是他缺乏实战经验，不具备相应的专业知识，对竞争环境缺乏认知。

按常理，狮群的战斗力是要强于羊群的。可是没有好的领导，狮群也就失去了凝聚力，尽管貌似强大，实则不堪一击。无能的羊处在领导狮群的位置上，实在是个致命的错误。

狮子和羊的故事（3）

羊带领的狮群第三次开始准备与狮子带领的羊群战斗。

羊带领的狮群继续总结失败的教训，认为队伍中仍存在声音太多的问题：我们需要的是坚定的执行者，而不是众多的评论家，其实如果只按一种方针也许早就打败羊群了。狮子们也作了检讨，并表示这一次一定按羊的意思行事，不再犯上次同样的毛病。羊在重新确立了领导地位之后，开始按自己的方式对狮群进行训练，狮子们没有任何反对意见。

而狮子带领羊群这一边，情况也一样。狮子按照自己的方法训练羊群，把羊们培训得都像狮子，训练的方法和标准也都和狮子一样，羊们都感觉自己简直就是狮子。

新的比赛开始了，羊群冲了出去，就像一群凶猛的雄狮，而狮群则像一群羊一样去用头上的角还击，可是他们的头上根本没有角，于是，他们再一次被打败了。

【思考】羊是领导，这是无法改变的事实，狮群终于开始听从羊的指挥，羊也可以名副其实地行使领导的职权了。原本以为这一次一定可以赢得战斗的狮群还是失败，为什么？最大的责任当然还是在领导者羊的身上，他的思维方式和行动方式注定了他的失败。

羊培训出来的狮群失去了原来的作战本领，变得跟羊一样平庸了。而狮子训练出来的羊群却具备了狮子的特征：勇猛善战。

领导者的思维方式、行为习惯、价值观念是会影响他的团队成员的。领导者的能力水平也决定了团队整体的能力水平，正所谓兵熊熊一个，将熊熊一窝。

资料来源：根据相关资料整理。

项目九　敬业、乐业、专业

项目导言

敬业、乐业、专业主要体现的是服务型职业人的态度、精神、能力，其中敬业主要反映工作态度，乐业主要反映精神状态，专业主要反映工作能力。

项目将用个人职业素养提升的小故事与锦囊，阐述敬业、乐业、专业与个人成长的关系，做引导式、交流式培训。

项目目标

◎ 理解敬业的工作态度；

◎ 理解乐业的精神状态；

◎ 理解专业的工作能力；

◎ 能体会到敬业、乐业、专业对自我素质提升的意义。

互动导入

兵马俑号称"世界第八大奇迹"。两千多年前，中国的工匠团队创作了当时中国的巨型雕塑工程，留下了让中国骄傲于世的文化丰碑。但兵马俑刚刚出土的时候，这座丰碑作倒伏状，两千多年的历史积尘已经把它们压成碎片。文物修复师的工作就是将这千万碎片化零为整。

秦始皇帝陵博物院文物修复师介绍，在当时发掘过程中，兵马俑一号坑被扰动得比较厉害，一件兵马俑被分成几十片，甚至上百片，没有一件完整的。

兵马俑，自从1974年被发现和挖掘以来，一直处于修复之中。2016年，正在修复的是最为著名的一号坑。兵马俑深埋两千多年，大部分陶片已经和地下环境融合在一起，突然出土，使它们存身环境发生巨大改变。为了避免环境变化对文物造成二次损害，一号坑保留了原始的自然环境，大量修复工作都是在现场进行。

由于年代久远，兵马俑陶片表面非常脆弱，修复人员用刮刀清理的时候，既要刮净泥土，又要保证文物的完好，走刀的分寸需拿捏得十分精准。

在碎片堆里拼接兵马俑的过程中，只要有一块陶片位置出现错误，整个拼接过程就必须重来。拼接难度最大的是那些体积小、图案较少的陶片，为了一块陶片，文物修复师马宇有时需要琢磨十多天，反复预演数十次，甚至上百次，才能够使得陶片回归最准确的位置。正因为如此，一件兵马俑的修复往往需要耗时一年，甚至更久。

秦始皇帝陵博物院文物修复师团队在四年前的一次清理陶片的过程中，意外发现陶片背后有纹路，仔细清理之后，纹路渐渐清晰起来，是一个指纹痕迹，这应该是两千多年前的工匠在制作兵马俑时留下的，随后更多的指纹被发现，这让文物修复师们兴奋不已。

文物修复师们相信，指纹可以成为解开古老技艺的直观途径之一，虽然现在还无法找到答案，但这项后继有人的事业一定会让历史袒露更多的内在秘密，文明的内涵也将因此而无限丰富地延续下去。

资料来源：根据相关资料整理。

互动问题

工匠担当，兼济天下，请大家根据以上案例进行现场研讨，并回答以下问题：

秦始皇帝陵博物院文物修复师将千万碎片化零为整并发现了指纹痕迹，这体现了怎样的工作精神？

学一学

一、敬业

敬业，即责任心，是对学业或工作专心致志。敬业是指一个人对自己所从事的工作及学习负责任的态度。《韩非子·喻老》指出敬业的意思就是专心致力于学业或工作。《论语》亦讲到"其为人也，发愤忘食，乐以忘忧，不知老之将至云尔。安其居，乐其业"。凡一个职业，总有许多劳累、曲折，倘能深入其中，看它发展、变化的状态，最为亲切有味。每一职业之成就，离不了奋斗；一步一步地奋斗下去，从刻苦中得快乐，快乐的分量会增加。

唐朝有一位百丈禅师，他常常用两句格言教导弟子："一日不做事，一日不吃饭。"他每日除上堂说法之外，还要自己扫地、擦桌子、洗衣服，直到八十岁，日日如此。有一回，他的门生想替他服务，把他这天应做的工悄悄地都做了，这位言行相顾的老禅师，那一天便不肯吃饭。

所以，敬业很多时候就是人们在某个集体的工作及学习中，严格遵守职业道德的工作及学习态度。

知识点链接9-1——诸葛亮治蜀国鞠躬尽瘁留美名

诸葛亮是我国历史上著名的政治家、军事家，被视为中华民族智慧的化身，大智大勇的代表。

东汉末，刘备三顾茅庐，从襄阳隆中请出诸葛亮为其军师。当时，魏、蜀、吴三国鼎立，三国之中蜀国国小人少，实力较弱，诸葛亮从长远利益着手，建立吴蜀联盟，使蜀国得以全力对付魏国。对内，诸葛亮充实国家力量，安定人民生活；注重选拔人才，任人唯贤；赏罚分明；虚心征求各方面的意见；严格要求各级官吏，惩办贪污不法行为，以树立官员廉洁奉公的风气。诸葛亮一生不辞辛苦，兢兢业业，为国为民，呕心沥血，实现了他《后出师表》中所说的："鞠躬尽瘁，死而后已。"

1.敬业的构成

第一，职业理想，即人们对所从事的职业和要达到的成就的向往和追求，是成就事业的前提，能引导从业者高瞻远瞩，志向远大。

第二，立业意识，即确立职业和实现目标的愿望。其意义在于利用职业理想目标的激励导向作用，激发从业者的奋斗热情并指引其成才方向。

第三，职业信念，即对职业的敬重和热爱之心，表示对事业的迷恋和执着的追求。

第四，从业态度，即持恒稳定的工作态度。勤勉工作，笃行不倦，脚踏实地，任劳任怨。

第五，职业情感，即人们对所从事职业的愉悦的情绪体验，包括职业荣誉感和职业幸福感。

第六，职业道德，即人们在职业实践中形成的行为规范。

2.敬业的基本要求

敬业的基本要求包括有坚定的专业思想，热爱本职工作，忠于职守，持之以恒；有强烈的事业心，尽职尽责，全心全意为人民服务；有勤勉的工作态度，脚踏实地，无怨无悔；有旺盛的进取意识，不断创新，精益求精；有无私的奉献精神，公而忘私，忘我工作。

案例分享9-1

一块金表的传奇

1941年，英国海军上尉泰迪·培根在皇家海军"击退号"军舰上服役。当时，该军舰停泊在直布罗陀海港。有一天，当泰迪在军舰上向一名船员示范如何将锚抛向海岸时，他佩带的一块宝路华自动金表突然从手腕上滑落，掉进了海里。金表遗失后，泰迪曾到当地的政府官员那里进行了登记，并且留下了他在英国的住址。后来，泰迪退役回到了英国。对于那块失落在大海里的金表，泰迪相信自己再也不会见到它了。

然而，谁都没有料到，2007年，在海底沉睡几十年之后，那块金表竟然被直布罗陀海湾的挖泥工人打捞上来。更让人惊讶的是，那块金表非但不曾锈蚀，而且走时准确，分秒不差。由于当年泰迪曾对金表进行登记，所以当金表被打捞上来时，直布罗陀政府官员立刻就知道了金表的主人是谁。他们找到了当年泰迪留下的家庭住址，然后将金表包在一个袋子中，寄了过去。世事沧桑，几十年里，泰迪搬了无数次的家，可那块金表在辗转多次后，最终放到了年进九旬的泰迪手中。

【思考】金表落水66年后物归原主，令我惊叹不已。透过金表，我看到了一个传奇。那么，又是谁成就了这个传奇呢？

不用问，首先是挖泥工人。一块沉睡海底数十年仍能准确报时的金表，其价值自然不菲，如果挖泥工人稍一动心，金表也就难以重回主人身边了，但诚实的工人交出金表，让金表迈出了走向传奇的第一步。接下来，是直布罗陀的政府官员们。对于60多年前的旧事，他们毫不陌生，所以能够迅速找到地址，将金表寄出。就这样，金表踏上了自己的传奇之旅。最后，还有英国的邮政服务人员。对于"查无此人"的邮件，退回原处是理所当然的做法，但他们没有那样做，而是不断找寻收件人的新地址，直到邮件最终到达收件人的手里。若没有他们的认真负责，那块金表又怎么能够物归原主呢？正是他们，为金表的传奇经历画上了圆满的句号。

二、乐业

安于职守，乐于效力。乐，意动用法，以为乐。业，职守。孔子说："知之者不如好之者，好之者不如乐之者。"乐业，即趣味，不仅乐意去做某件事，而且能从中领略出趣味来。

案例分享9-2

尽职的保姆与司机

保姆请假一周，女主人回家发现她给厨房的垃圾桶认真地套上了七层垃圾袋。

一位"驴友"外出旅行包车认识一位司机。小学文化程度的司机每天西装革履，永远提前十分钟等在酒店门口，车子座套每天干干净净，车上矿泉水、湿纸巾和薄毯一应俱全。他还自带一台相机，默默为客人拍照，分别时送给客人。

【思考】面子是人给的还是自己挣的？

把自己的工作当回事，就能够成为优秀的人、值得尊重的人，这跟所从事行业、职业都无关。古训：受人之托，忠人之事！

三、专业

专业一般是指专门从事某种学业或职业；专门的学问；对一种物质了解得透彻的程度等。南朝梁刘勰在《文心雕龙·养气》中表达："至如仲任置砚以综述，叔通怀笔以专业，既暄之以岁时，又煎之以时日。"

专业在现代社会中，更多的是反映工作能力，是胜任一种具体职业而必须要具备的能力。

案例分享9-3

洗马桶"洗出"希尔顿帝国

就算一辈子洗马桶，也要做一个最出色的洗马桶人。这是关于美国希尔顿酒店帝国缔造者康拉德·N.希尔顿的故事。许多年前，一个年轻人来到一家著名的酒店当服务员。这是他涉世之初的第一份工作，他将在这里正式步入社会，迈出人生关键的第一步。因此他斗志昂扬，暗下决心：一定要好好干！

谁知在新人受训期间，上司竟然安排他洗马桶，而且工作质量要求高得骇人：必须把马桶擦得光洁如新！

他根本不喜欢洗马桶的工作，更不可能实现"光洁如新"这一高标准的质量要求。洗马桶在视觉上、嗅觉上都使他难以承受。当他拿着抹布伸向马桶时，胃里翻江倒海。这令他心灰意冷。开始时的斗志昂扬全然不见。

正在此关键时刻，同单位一位前辈及时出现在他的面前。她并没有说教，而是亲自洗了一遍马桶。接着，她从马桶里盛了一杯水，一饮而尽！

她给了他一个微笑，而他已经目瞪口呆。她用简单的行动告诉了他一个简单的道理：把马桶擦洗得"光洁如新"，这一点完全可以办得到。他恍然大悟，原来是自己的工作态度出了问题，于是他痛下决心："就算一辈子洗马桶，也要做一名最出色的洗马桶人！"

从此，他脱胎换骨成为一个全新的人，他的工作质量也达到了无可挑剔的高水准。为了检验自己的自信心，为了证实自己的工作质量，也为了强化自己的敬业心，他也多次喝过马桶内的水。

他很漂亮地迈出了人生的第一步，开始了不断走向成功的人生之旅。几十年光阴一晃而过，他成为世界酒店业大王，后来建立了享誉全球的希尔顿酒店帝国。

希尔顿坚定不移的人生信念，表现为他强烈的自驱力："就算一辈子洗马桶，也要做一个最出色的洗马桶人。"这就是他成功的奥秘所在。这是一个很朴实的道理，可是很多人不知道，即使知道了也不愿意努力去实践。

"最"不是绝无仅有，没有人要求你必须成为一个首相、一个富翁，若完美得没有一点瑕疵，那不是真实的、活生生的人，而只是一个标本。

做到最好，是人生的一种经历；努力地达到，也将成为自己宝贵的人生经历。

做一个最好的清洁员、一个最好的父亲、一个最好的上司，这本身不是一种目标，而是一种态度。在实现这个目标的过程中，我们会有收获和成功的快感，直到做得连自己都认为无可挑剔时，别人的眼光中就只有感动和敬佩了。

资料来源：刘亚洲.成就伟大的8个小习惯［M］.北京：中华工商联合出版社，2011.

【思考】人生出彩与工作出色有什么关系？

凡是工作都有标准，所谓合格就是达到标准要求。工作认真体现在每一个环节、程序的有机衔接。对自己的工作结果，首先自己要满意、别人才可能满意，从而会自信起来。每一件工作都做得很出色，人生就会有出彩的机会。

🔍 知识点链接9-2——万小时定律

美国作家格拉德威尔在《异数》一书中指出："人们眼中的天才之所以卓越非凡，并非天资超人一等，而是付出了持续不断的努力。只要经过1万小时的锤炼，任何人都能从平凡变成超凡。"

10年内，每周练习20小时，大概每天3小时。若每天5小时，大概用时7年。故而许多专业的工匠人才、技能大师、科技人才都是"十年磨一剑"。

📓 项目小结

◎核心概念：敬业；乐业；专业。

1.敬业，即责任心，是对学业或工作专心致志。敬业是一个人对自己所从事的工作及学习负责任的态度。

2.乐业，即趣味，不仅乐意去做某件事，而且会从中领略出趣味来。

3.专业，在现代社会中，更多反映的是工作能力，是胜任一种具体职业而必须要具备的能力。

🏂 挑战自我

活动名称：99.9%足够好了吗

活动类型：品质管理

参加人数：不限

活动时间：5分钟

活动材料：PPT文件、投影仪

场地要求：会议室

活动目的：

❖说明真正的质量意味着100%，而不是99.9%。

❖作为目标，我们要让100%的客户达到100%的满意。

操作程序：

1.讲师问学员：你们认为可以接受的质量水准是怎样的？100%，还是99.9%？很多人会说99.9%，如果这样，讲师出示"99.9%足够好了吗?"的PPT文件。

2.讲师自己念PPT文件上的内容，或者请学员自己念一遍。而后说明如果99.9%是个合理的水准时，将会发生什么。

3.作如下讨论。

相关讨论：

❖现在，你认为可以接受的是什么样的水准？

❖是否可以在不同的组织部门有不同的质量水准？

❖我们能够总是达到100%吗？为什么我们要以此为标准？

游戏总结：

❖真正的质量意味着100%，而不是99.9%。

❖管理者的意识水平决定着质量和实际的工作效果水平。

❖作为目标，我们要让100%的客户达到100%的满意。

❖我们可能无法总是达到100%，但如果我们不以此为目标，我们永远做不到100%。

❖质量水准是统一的，不同部门可以用不同的标准衡量质量结果，但不应该有不同的质量水准。

PPT文件内容：

99.9%足够好了吗？

如果99.9%是足够好的，那么：

（1）每天在澳大利亚出生的婴儿中将有1人被给错父母。

（2）每年将售出7 630双配错的鞋子。

（3）每小时将会有29 315封信被投错。

（4）每天在悉尼机场将有42架飞机着陆时发生问题。

（5）在韦伯字典中，将有315个首写字母被拼错。

（6）将有58 600个信用卡的磁条会发生问题。

（7）12 000美金的收入所得退税会被错误处理。

（8）每架波音747客机将有4 500个零件是错的。

√拓展空间

案例：绽放在国宴上的"五朵金花"

2016年9月4日晚上，G20杭州峰会东道主中国为与会的各国领导人在杭州西子宾馆举办了一场最高规格的晚宴。从邀请函到现场布置，从菜单到用餐的器皿无不透露着中国传统文化礼仪。现场身着水墨西湖手绘风格的中式上衣、黑色百褶长裙的女子，薄施粉黛，淡扫蛾眉，清新脱俗，仿佛刚从江南雨巷中走出来的"仙子"，将中国风演绎得淋漓尽致。她们是本次国宴的服务员。来自开元酒店集团的徐庆龄、林露露、朱艺青、毛芳芳、张丽丽也在这群"仙子"中，被大家戏称为"开元五朵金花"。

据了解，此次国宴共邀请了约300位各国重量级嘉宾，参与本次国宴面选的服务员近100名。为了确保这场高规格的国宴"零瑕疵"，对于服务员的挑选可谓是百里挑一，经过了服务技能、个人素质、外形等方面层层选拔。

在杭州西子宾馆的晚宴现场，杭州开元名都大酒店的徐庆龄服务的是4号桌。

这桌除了中国代表团的官员外，还有俄罗斯代表团的嘉宾。每上一道菜时，徐庆龄都会用中文和俄语分别报菜名并简单解释这道菜的原料和做法。同样来自杭州开元名都大酒店的林露露服务的是 23 号桌。这桌嘉宾主要来自联合国、WTO 等国际组织。在上菜时林露露发现其中一位嘉宾因频频与其他嘉宾交流，上一道菜还没动过，下一道菜已经要上了。由于晚宴采用的是分餐制，因此，林露露在服务完其他客人后，端着那道菜静静地等待这位嘉宾先用上一道菜。

"上第一道菜的时候，我比较紧张，后来慢慢地适应下来。"19 号桌是国宴的副桌，也就是除主桌嘉宾外，坐在这张桌前的嘉宾，是国宴上最具分量的。作为这一桌的服务员，对于来自义乌三鼎开元名都大酒店的朱艺青来说，这场硬仗最大的敌人是心理压力，而她成功地战胜了自己。与朱艺青来自同一家酒店的张丽丽所服务的 5 号桌的嘉宾都是来自塞内加尔的贵宾，他们对饮食有严格的禁忌，除此之外，张丽丽还分毫不差地记住了每位贵宾的饮食喜恶，根据他们的饮食习惯上菜。而瘦小的毛芳芳也来自义乌三鼎开元名都大酒店，原本手臂不太能受力的她在国宴当天能稳稳地托着 10 多斤重的托盘，为 18 号桌的嘉宾服务……那一晚"开元五朵金花"就这样静静地绽放着，她们把丰富的宴会服务经验和个性化服务带到这连盘子间的距离都要用卷尺一寸一寸测量出来的国宴上，并获得嘉宾的赞扬。

事后在接受记者采访时，徐庆龄表示，用俄语问候嘉宾、报菜名并不是国宴的硬性要求，是她自己在国宴召开的前一天晚上得知她服务的宾客来自俄罗斯后临时学习的。"当时我们得到的嘉宾客史资料并不多，为了对我们所服务的嘉宾有更深的了解，我们上网进一步搜索了他们更多的资料，希望能够给他们提供更亲切、更贴心的服务。"林露露坦言，当时她端着那道菜等待那位嘉宾时，心里有些忐忑。她说："我看到其他嘉宾都把上一道菜用完了，只有他一口没动。我想他一定很饿，所以希望他哪怕吃上一口。"当然，她的等待收获了那位嘉宾深深的感动。大力士当然不是一天练成的，毛芳芳为了保证托盘的稳定性，有将近两个星期的时间都在练习托砖头。而张丽丽的好记性，也是她在国宴前反复的走位中练成的。

台上一分钟，台下十年功。国宴不过短短的 45 分钟时间，但它不仅考验着这群姑娘们平时的工作素养，也与那一个多月的"魔鬼培训"分不开。"'抠细节'包括站姿、动作、言语、走姿和微笑。到了集训阶段，每天 8 到 9 个小时的练习时间是必须的，有时整周都不休息。""托盘、上菜、撤菜……14 斤的托盘，一托就是几个小时，每个动作都不能有偏差，还要注意不同国家的礼仪。""我们需要将每个服务节点精确到秒，一杯饮料倒 7 分满，3 秒钟倒完。""我们是一边训练一边淘汰，要求相当严格。我们不敢有一丝怠慢。训练苦，我们还要保证健康，一旦感冒生病也会面临被淘汰。"尽管如此艰苦，但是在请这五位 90 后的姑娘用一个词来形容这场培训时，她们还是用了"苦中有乐"、"精益求精"、"激动"、"感恩"甚至是"好玩"这样的词汇。

在"开元五朵金花"看来不论是这场国宴，还是国宴前的培训都让她们收获良多。"培训的过程也是我们互相讨论和学习的过程。"林露露说，"比如，折口布的时候如何折才能让口布上 G20 的 LOGO 一步到位正对着客人，当时她们一起讨论了好多个方案，最后选择了一个最优的。"林露露在培训中还结识了不少前辈，在培训间歇他们给了林露露很多的鼓励，告诉她从事酒店餐饮行业虽然很辛苦，但是可以学习到各方面的知识，包括营养学、红酒文化、茶道甚至是各国风俗和礼仪，等等。他们相信时间久了露露一定会迷上这一行。而徐庆龄用 PPT 和文档将此次国宴培训全过程记录下来。"难得有这样的机会，让我可以接触、学习到如此完美、完整的高级别宴会接待培训流程，尤其是上菜流程，从走位到与跑菜员的默契度再到上菜时胳膊伸展的幅度都精细到极致。把它们记录下来，不仅可以作为宝贵的资料，还可以用于新员工的培训。"徐庆龄说。毛芳芳则直言这次经历在她的职业履历表上画上了浓墨重彩的一笔。

如今，"开元五朵金花"依然忙碌，带领团队做宴会接待、培训新人、出差去外地支援开元酒店集团旗下其他酒店重要的宴会接待工作……在各自的工作岗位上，她们继续绽放着自己的美丽。

资料来源：王玮. 绽放在国宴上的"五朵金花"[N]. 中国旅游报，2016-10-20（6）.

第四篇　管理素养专项篇

项目十　做会思维导图的职场达人

项目导言

思维导图又叫心智图，是表达发射性思维的有效的图形思维工具，它简单却又极其有效，是一种革命性的思维工具。思维导图运用图文并重的技巧，把各级主题的关系用相互隶属与相关的层级图表现出来，把主题关键词与图像、颜色等建立记忆链接。思维导图充分运用左右脑的机能，利用记忆、阅读、思维的规律，协助人们在科学与艺术、逻辑与想象之间平衡发展，从而开启人类大脑的无限潜能。课程将通过介绍思维导图的人类思维的强大功能，做互动式交流与培训。

项目目标

◎理解思维导图的概念；

◎掌握思维导图的用途；

◎掌握思维导图绘制及其运用技巧；

◎了解思维导图的常用软件及书籍。

互动导入

文化领域思维导图案例：家喻户晓的小说《哈利·波特》，其作者罗琳便是用思维导图演绎出小说中丰富多彩的情节和人物。

教育领域思维导图案例：思维导图帮助师生掌握正确有效的学习方法，建立系统的知识框架体系，促进师生间的交流沟通，实现因材施教，使整个教学过程和流程设计更加系统、科学、有效，促进教学的效率和质量的提高，促进学生之间的交流与合作，建立团结合作的教学机制，建立学习型学校，学习型班级组织。世界上已有许多国家普及应用思维导图并将其作为他们教育改革策略之一，在提高教学效果方面取得了显著成效，如英国、美国、澳大利亚、新加坡等。其中，新加坡已经将思维导图作为从幼儿园至大学的必修课程之一；美国学校使用的教案，也大部分应用了思维导图的方法；在英美国家来华参加国际学术会议的专家学者的报告中，可以看到他们对思维导图的应用。

惠普医疗利用思维导图对学员进行培训，该公司高级经理Jean Luc Kastner先生认为：我们的课程建立在"思维导图"的基础上。它帮助我们获得了有史以来最高的毕业分数。"思维导图"教学必然是未来的教学工具。

工业领域思维导图案例：美国波音公司的一份飞行工程手册被压缩成了25英尺长的思维导图，可让100多名高级航空工程师在几个星期内学会以前需要几年才能学会的东西，估计仅此一项即可节约成本1 100万美元。

商务领域思维导图案例：全球越来越多的公司在日常工作中采用思维导图，如Fluor Daniel公司在内部流程设计、日程安排、会议管理等方面采用思维导图，效率得到了很大的提升。该公司副总裁William L. Maxilae先生认为：博赞大师的"思维导图"在我们办公室内的重要性越来越明显。它在帮助我们打开思路上的作用是惊人的。我们使用"思维导图"来安排会议日程，做"头脑风暴"，设计组织结构图，记笔记和写总结报告。"思维导图"是一个通向未来的必备工具。

资料来源：根据相关资料整理。

互动问题

以上这些仅仅是一些思维导图案例的典型代表，更多的思维导图融入了我们的生活中，潜移默化地改变了我们的生活。其实思维导图没有想象中那么高冷，通过这些思维导图案例就可以看出来，它已经接轨我们的日常，或许它就在你的身边。

大脑的力量是我们成功的金钥匙！请结合自己的实际情况，谈谈对思维导图的看法。怎样才能做一个会使用思维导图的职场达人？

学一学

一、什么是思维导图

1.思维导图的概念

思维导图是一种革命性的思维工具，简单却又极其有效。英国著名心理学家东尼·博赞在研究大脑的力量和潜能过程中，发现伟大的艺术家达·芬奇在他的笔记中使用了许多图画、代号和连线。他意识到，这正是达·芬奇拥有超级头脑的秘密所在。在此基础上，东尼·博赞于19世纪60年代发明了思维导图这一风靡世界的思维工具。通过带顺序标号的树状结构来呈现一个思维过程，是一个将放射性思考（Radiant Thinking）具体化的过程。

🔍 **知识点链接10-1——东尼·博赞**

东尼·博赞，1942年生于英国伦敦，英国大脑基金会总裁，世界著名心理学家、教育学家。他曾因帮助查尔斯王子提高记忆力而被誉为英国的"记忆力之父"。他发明的"思维导图"这一简单易学的思维工具正被全世界约3亿人使用。

思维导图在英国、美国、澳大利亚、新加坡等国家的教育领域也有广泛应用，在提高教学效果方面成效显著。有些国家从小学就开始展开思维导图的教育。

思维导图以一种与众不同和独特有效的方法驾驭整个范围的脑皮层技巧——词汇、图形、数字、逻辑、节奏、色彩和空间感。思维导图是基于对人脑的模拟，它的整个画面正像一个人大脑的结构图，能发挥人脑整体功能。

思维导图是一种将放射性思考具体化的方法。我们知道放射性思考是人类大脑的自然思考方式，每一种进入大脑的资料，不论是感觉、记忆或是想法——包括文字、数字、符码、香气、食物、线条、颜色、意象、节奏、音符等，都可以成为一个思考中心，并由此中心向外发散出成千上万的关节点，每一个关节点代表与中心主题的一个连结，而每一个连结又可以成为另一个中心主题，再向外发散出成千上万的关节点，呈现出放射性立体结构，而这些关节的连结可以视为你的记忆，也就是你的个人数据库。

2.思维导图解决的问题

英国管理学作家Tony Turrill曾表达："思维导图可以让复杂的问题变得非常简单，简单到可以在一张纸上画出来，让您一下看到问题的全部。它的另一个巨大优势是随着问题的发展，您可以几乎不费吹灰之力地在原有的基础上对问题加以延伸。"

思维导图重点解决以下问题：管理混乱的思维；让思考变得有序、高效；避免冲突；激发创造力。

3.思维导图的特点

Sean Adams曾说过："作为一个头脑风暴的工具，思维导图让我们感觉到想象力一下子打开了，新点子层出不穷，真是思如泉涌，这种感觉以前从来没有过，真是太棒了。"思维导图具有流程化、图形化、图谱化、清晰化等突出特点。

🔍 **知识点链接10-2——千言不如一图**

思考最大的敌人是复杂，思考最大的障碍是混乱。

思维导图就是一幅幅帮助你了解并掌握大脑工作原理的使用说明书。

它能够：增强使用者的记忆能力；增强使用者的立体思维能力（思维的层次性与联想性）；增强使用者的总体规划能力。

为什么思维导图功效如此强大？道理其实很简单。

首先，它基于对人脑的模拟，它的整个画面正像一个人大脑的结构图（分布着

许多"沟"与"回");

其次，这种模拟突出了思维内容的重心和层次；

再次，这种模拟强化了联想功能，正像大脑细胞之间无限丰富的连接；

最后，人脑对图像的加工记忆能力大约是文字的1 000倍。

让你更有效地把信息放进你的大脑，或是把信息从你的大脑中取出来，一幅思维导图是最简单的方法——这就是作为一种思维工具的思维导图所要做的工作。

它是一种创造性的和有效的记笔记的方法，能够用文字将你的想法"画出来"。

所有的思维导图都有一些共同之处：它们都使用颜色；它们都有从中心发散出来的自然结构；它们都使用线条、符号、词汇和图像，遵循一套简单、基本、自然、易被大脑接受的规则。

使用思维导图，可以把一长串枯燥的信息变成彩色的、容易记忆的、有高度组织性的图画，它与我们大脑处理事物的自然方式相吻合。

资料来源：根据相关资料整理。

二、思维导图的用途

思维导图不仅可以在教学的过程中进一步加强它的应用，其实它在很多时候都可以帮助我们思考和分析问题。思维导图是一个在不断发展和完善的工具，同时它也是一门在不断精炼和提高的技术。思维导图的性质与大脑工作方式很相近，所以它可以用于思考、记忆、计划和创造有关的活动。

思维导图一般有如下几种应用领域：

第一，笔记，用于阅读、课堂、学习、面试、演讲、研讨会、会议记录等需要记录要点时。

第二，温习，用于预备考试、预备演说等需要加深记忆时。

第三，小组学习，主要用于头脑风暴、小组讨论、家庭/小组计划等需要共同思考时。

第四，创作，主要用于写作、学科研习、水平思维、新计划等。

第五，选择，主要用于决定个人行动、团体议决、设定先后次序、解决问题等。

第六，展示，包括演讲、教学、推销、解说、报告书等。

第七，计划，包括个人计划、行动计划、研究计划、问卷设计、写作、预备会议等。

思维导图有很多其他用途，只要能灵活运用，一定能产生许多奇妙的效用。

三、如何绘制思维导图

1.思维导图的要素

思维导图的要素包括：图像、色彩、联想、分类、关键词。如图10-1所示，用思维导图对主题餐厅进行创意设计，包括宣传方案、室内装饰、餐厅分类、员工

管理、核心顾客、会员福利等关键词，并通过联想、分类，运用丰富的图像与动漫
人物、色彩进行构图，以图说话，阐述清晰明了。

图 10-1　思维导图——主题餐厅创意[①]

2.思维导图的图像

图像的绘制，应抓住事物特征、运用基本模型，并进行模仿绘图，如图 10-2
所示，讲座的准备与实施。

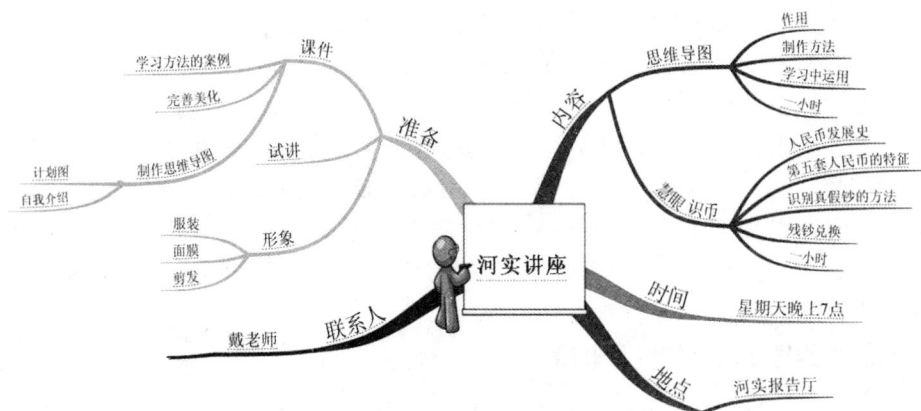

图 10-2　思维导图——讲座的准备与实施

---

① 绘图：张庭晓、李颜燕、龚文清、黄远梅、刘斐然。

3.思维导图的颜色

首先，中心图像的颜色不少于三种颜色；其次，中心主题延伸出的每类分支的颜色都不一样；最后，分支上图像的颜色不同于分支线条的颜色。

4.思维导图的分类方法

首先，应从制作思维导图的初衷出发，如无标准答案，需要有合理的逻辑依据；如某一类内容比较多，则分类再分类。其次，各部分应相互独立，没有重叠；所有部分完全穷尽，没有遗漏。

绘画过程中，首先应确定好第一层分支，也就是思维导图的主干。然后，梳理好关键词，关键词可以是一个字、一个词、不可分割的短语或短句，一般用名词、动词，应该是强烈的联想挂钩。主要的概念放到适当的位置，次要的概念就可以轻松跟上，自由流动。基本分类概念有助于形成、整理和构造思维导图，从而促进大脑自然有序地思考，如图10-3所示。

图10-3 思维导图的分类

四、思维导图运用技巧

系统思考法的最大价值是找出脑袋中遗漏的思想。思维导图分层化技巧，就是各个分支的分类技巧即由某点产生的关联想法。

思维导图的快速启动步骤：

首先，提出想法，并设置大类，并将想法归于一个大类（主干）；其次，思考想法与想法之间，有无其他层次的想法；最后，及时记录关联想法，整理成导图。如图10-4所示，思维导图的运用——《旅游市场营销——微观环境》，将微观环境的分析从购买者、供应商、中间商、竞争者、社会公众、企业内部等六大类进行剖析，并设计关联想法，进行层层整理、设计。

五、思维导图常用软件及书籍

1.常用软件

（1）XMind

XMind 是一个开源项目，这意味着它可以免费下载并自由地使用。XMind 也有 Plus/Pro 版本，提供更专业的功能。除了地图结构，XMind 同时也提供树，逻

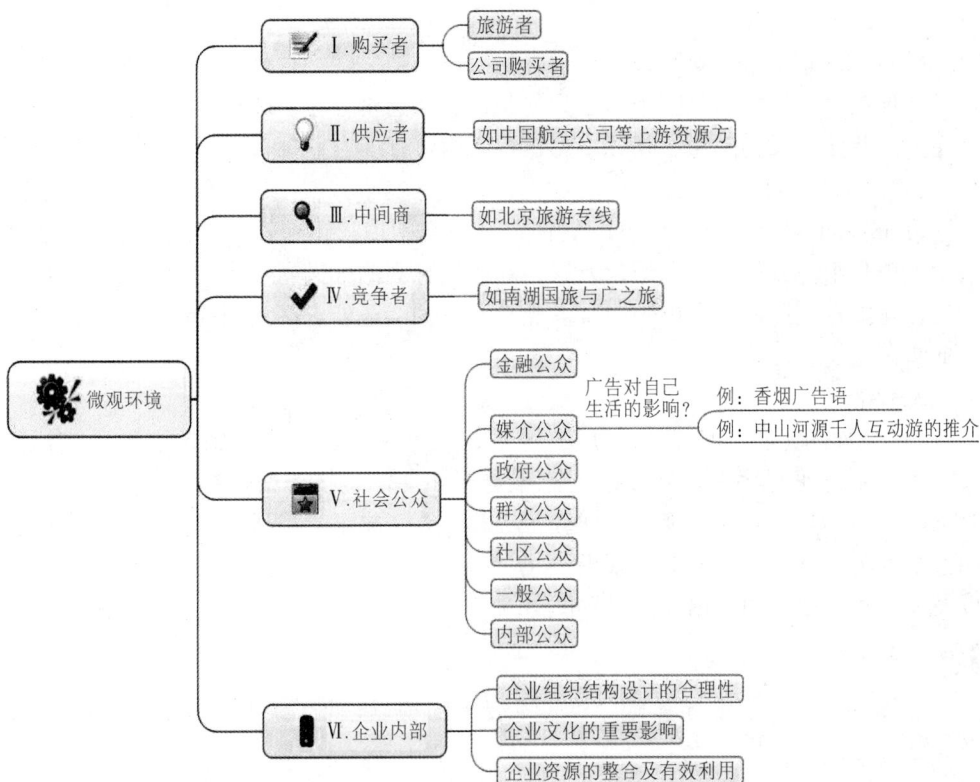

图 10-4　思维导图的运用——《旅游市场营销——微观环境》

辑和鱼骨图，具有内置拼写检查、搜索、加密甚至是音频笔记功能。

（2）Coggle

Coggle 是一个免费的在线协作思维导图工具，让你直观地用一个精美的图示呈现出分支结构定义的连接。它可以让你制作出漂亮的笔记，方便快捷。

（3）Mindmaps

这是一个开源的应用程序，使任何人都可以轻松地创建好看的思维导图。它可以创建分支（子想法）与无限层级，其中所有这些都互相连接。

（4）FreeMind

FreeMind 是用 Java 编写的免费心智图软件。最近的发展希望把它变成高生产力的工具。操作 FreeMind 的导航比 MindManager 快，因为它有一键式"折叠/展开"和"跟随链接"操作。

（5）MindMeister

MindMeister 被认为是目前市场上最好的在线思维导图应用。凭借其屡获殊荣的网上版本和 iPhone、iPad、Android 的自由移动应用程序，用户可以在学校、家里、办公室甚至在旅途中应用思维导图。

（6）MindManager

MindManager 是倍受赞誉的、最好的思维导图软件。这款强大的思维导图工具可以让你在一个单一的视图中组织你的想法，在这里你可以轻松地拖放操作和优先考虑你的想法，添加图像、视频、超链接和附件都非常简单。

（7）IdeaSketch

IdeaSketch 也是一款思维导图软件，旨在帮助用户记录整理自己的思路，还能帮助发散思维。软件有两种记录方式，有比较直观的分叉图和列表图。两种图可以转化，还能存成照片，和电脑同步。此外，分插图还能提取到别的应用软件中，操作非常简单。

2.书籍

《思维导图宝典》作者为东尼·博赞，该书是一本在全球销量达千万的畅销书。书中的思维导图方法将发散性思维与开拓性笔记技巧结合在一起，被人称为"大脑瑞士军刀"，它的出现在全球教育界和商界刮起了一场风暴。目前，全球已有超过3亿人在使用它。该书特别提供了一系列实用练习、大量颇具启发性的图片，以及演示这种技巧的原创性思维导图。

项目小结

◎核心概念：思维导图概念；思维导图的特点；思维导图的要素、图像、颜色、分类方法。

1.思维导图是一种将放射性思考具体化的方法，思维导图以一种与众不同和独特有效的方法驾驭整个范围的脑皮层技巧——词汇、图形、数字、逻辑、节奏、色彩和空间感。

2.思维导图的用途：笔记、温习、小组学习、创作、选择、展示、计划等。

3.思维导图的要素：图像、色彩、联想、分类、关键词。

4.思维导图的绘制：抓住事物特征、运用基本模型、进行模仿绘图。

挑战自我

活动名称：选择最成功的旅游主题餐厅

活动类型：思维导图

参加人数：不限

活动时间：35分钟

活动材料：七色彩笔、A4纸若干

场地要求：会议室

活动目的：

❖培养学员特殊组织、策划能力。

❖培养学员的创新、创意能力。

❖理解消费市场的特征与发展趋势。

操作程序：

1.前言

主题餐厅是透过一系列围绕一个或多个历史或其他的主题为吸引标志，向顾客提供饮食所需的基本场所。它的最大特点是赋予一般餐厅某种主题，围绕既定的主题来营造餐厅的经营气氛：餐厅内所有的产品、服务、色彩、造型以及活动都为主题服务，使主题成为顾客容易识别餐厅的特征和产生消费行为的刺激物。

2.背景资料

你和你的同学试图在旅游区周边开设一家主题餐厅。困扰你们的问题是，这个旅游区已经有了很多餐厅，这些餐厅能够提供各种不同价位和种类的餐饮服务。假设你们拥有开设任何一种类型餐厅的足够资源。你们所面对的问题是，判断出开什么样的餐厅可能会成功运营。

3.内容与组织

（1）小组集体花5~10分钟时间，来设想你们最可能成功的主题餐厅类型。每位小组成员都要尽可能地富有创新性和创造力，对任何提议都不能加以批评。

（2）指定一位小组成员把所提出的各种方案写下来。

（3）再用10~15分钟讨论各个方案的优点与不足。作为集体，确定一个使所有成员意见一致的最可能成功的方案，运用思维导图制作一份完整的方案。

（4）在做出你们的决策后，对运用SWOT分析方法对餐厅的优点与不足、机遇与挑战进行讨论，确定是否有产生阻碍的现象。

4.相关讨论

（1）以小组为单位上交设计方案。

（2）每个小组推荐一名成员做中心发言，说明方案形成的过程，并阐述小组完成情况。

（3）教师与学员共同组成评审团，依据最后评价得分情况，共同确定最佳创意方案。

✓拓展空间

思维导图的教学优势

在教学的过程中应用思维导图相对于线性笔记所带来的效果，可以总结如下：

第一，在教学过程中，教师和学生只需要记录课程中相关的关键词，这样可以节省50%~95%的时间。在进行学习和复习时，只读相关的词可以节省90%的时间。

第二，在查阅笔记的过程中，因为不必在不需要的词汇里寻找关键词，所以总共可节约90%的时间。在笔记中重要的关键词更为显眼，因此可以让学生在学习过程中集中精力于真正的学习主题。

第三，课程中重要的关键词并列在时空之中能够改善创造力和记忆力。处在同一个笔记平面内的关键词之间容易产生清晰、合适的联想，从而会促进学生记忆，增强其理解力。

第四，因为学习笔记使用更易于接受和记忆有视觉刺激、多重色彩、多维度的思维导图，而不是单调的线性笔记，更加符合大脑的运作模式。大脑不断地利用其所有的皮层技巧，使思维越来越清晰，越来越愿意接受新事物。

第五，在做思维导图的过程中，学生会处在不断有新发现的状态中，提高其探究新事物的动手能力和学习能力，这会鼓励和刺激其学习的主观能动性，变被动学习为主动学习，从而把学习变成一种乐趣。

在教学过程中采用思维导图进行课程的设置，实现教学改革，探讨新的学习方法技巧，可以帮助我们在以下方面取得突破性的收获：

第一，帮助师生掌握正确有效的学习方法策略，更快地进行课本知识的传授，促进教学的效率和质量的提高。在制作思维导图的过程中，会涉及如何快速地阅读和整理信息的内容。通过在整理和绘制思维导图的过程中对关键词和核心内容的查找可以更好地帮助老师和学生们，加强对所学知识的理解并将所学内容进一步加以深化。

第二，建立系统完整的知识框架体系，对学习的课程进行有效的资源整合，使整个教学过程和流程设计更加系统、科学、有效。利用思维导图进行课程的教学设计，会促成师生形成整体的观念和在头脑中创造全景图，进一步加强对所学和所教内容的整体把握，而且可以根据教学过程和需要的实际情况做出具体、合理的调整。

资料来源：佚名.思维导图的教学优势[EB/OL].（2009-05-13）.http://blog.sina.com.cn/s/blog_600dbfed0100da5s.html.

项目十一　网络营销

项目导言

21世纪是网络的世界，人类进入知识爆炸时代，传统的旅游营销也受到了网络的冲击，网络对于企业营销来说既是挑战，也是机遇。新时代下的网络营销呈微营销趋势，并融入大众生活。项目以网络营销知识为基础，结合服务型企业营销的发展特点，以提升员工网络营销意识、技能为着眼点，进行互动式、交流式培训。

项目目标

◎了解网络营销的概念；

◎掌握网络营销的特点及作用；

◎掌握网络营销的方式及典型模式；

◎掌握微营销运用技巧；

◎学会利用互联网资源，发展个人互联网思维。

互动导入

广西旅游抢占微信营销先机

2015年7月29日，一条"世界是嘈杂的，广西是宁静的"旅游推送广告出现在微信朋友圈，各种评论和转发呈裂变式传播，成为朋友圈一天热议的话题。广西旅游发展委员会"一不小心"开创中国旅游微信推送广告的首例。

为什么想到在微信朋友圈投放广告？据广西旅游发展委员会市场推广处处长程大兴介绍，他们近年来一直在关注微信朋友圈这一新兴的传播方式，认为这是当下主流消费人群使用频率最高、互动性最好、覆盖面最广的社交媒体平台。但朋友圈也有自身的局限性，如个体的朋友圈的传播受众范围较小，关注度较小，多数只在业界内部传播等。要达到广泛传播的效果还得通过广告公司进行运作，进行大范围的有针对性的投放。于是广西旅游发展委员会与运作方世纪大象群文化传播（北京）有限公司经过与腾讯公司协调，成功拿下了第一条旅游形象推送广告，选择对1 000万北京、上海、广州、深圳四大核心消费都市客群进行投放。广告投放后，引起了广泛一致的好评，转发数量不计其数。很多网友在转发时，又衍生出了不同的诗意版本。例如，想静静的人会说，"广西是静静的" "去广西找静静"；堵在路上的会说，"世界是拥堵的，广西是畅通的"；备受酷暑煎熬的人会说，"世界是滚烫的，广西是清凉的"。有媒体人士认为，这种"产生好感"+"情感释放"+"内容再创"的"病毒式传播"再次扩大了广西旅游形象广告的传播效果，凸显和强化了广告主想传播的主题。

除了时间上抢占了先机之外，此次广西旅游微信广告在内容上也让人心生共鸣。程大兴说，微信朋友圈是一个自主的平台，推送广告要取得好感，增加传播量，在内容制作上还不能完全是硬广告，必须有能抓住人心的东西。因此他们在大量调研的基础上，抓住了都市人"压力山大"，迫切想走出去亲近大自然，寻求一份宁静的共同诉求，设计了一套简洁但"走心"的文案，同时专门制作了清新的视频，舒缓的配乐，宁静怡然的图片，一条微信看下来不禁让人心生向往。更为"心机"的是，微信下方打上了广西旅游委员会的二维码，如果点击进去，出来的是一篇《一颗旅行的心，永远年轻》，里面依旧是以"世界是嘈杂的，广西是宁静的"为主题，精选了10幅美轮美奂的具有广西代表性的风景图片，配以唯美的文字，更为煽情。这则官方微信在朋友圈的点赞和转发量与推送的广告不相上下，二级传播效果良好。内容上做足、做精、做美，是这次微信广告得以广泛传播的内在原因。

资料来源：孟萍.广西抢占微信营销先机[EB/OL].（2015-07-13）.http://www.gxta.gov.cn/home/detail/11767.

互动问题

广西旅游这次成功的微信营销案例，体现了微营销的什么特征？我们应该如何正确利用好微营销的优势，宣传企业的产品？

学一学

一、网络营销的定义

网络营销（On-line Marketing或E-Marketing）以企业实际经营为背景，以网络营销实践应用为基础，从而达到一定营销目的的营销活动。其中可以利用多种手段，如E-mail营销、博客与微博营销、网络广告营销、视频营销、媒体营销、竞价推广营销、SEO优化排名营销等。总体来讲，凡是以互联网或移动互联网为主要平台开展的各种营销活动，都可称为整合网络营销。简单地说，网络营销就是以互联网为主要平台进行的，为达到一定营销目的的营销活动。

知识点链接11-1——中国网民达7.1亿，网民日均上网时间近3.8小时

2016年8月3日上午，中国互联网络信息中心（CNNIC）发布了第38次《中国互联网络发展状况统计报告》（以下简称《报告》）。《报告》显示，截至2016

年6月，中国网民规模达7.1亿，其中手机网民规模达6.56亿，占比达92.5%。同时，2016年上半年，中国网民人均周上网时长为26.5小时。这意味着，网民每天平均上网接近3.8小时。从增长速度来看，网上外卖以31.8%的半年增长率，成为上半年增长最快的个人互联网应用。此外，网络直播发展迅猛，用户规模达到3.25亿，45.8%的占比接近网民总体的半壁江山。

资料来源：根据相关资料整理。

二、网络营销的特点及作用

网络营销具有成本低、速度快、更改灵活的特点。网络营销制作周期短，即使在较短的周期进行投放，也可以根据客户的需求很快地完成制作；而传统广告制作成本高，投放周期固定。网络营销缩短了媒体投放的进程，广告主在传统媒体上进行市场推广一般要经过三个阶段：市场开发期、市场巩固期和市场维持期。在这三个阶段中，企业要首先获取注意力，创立品牌知名度；在消费者获得品牌的初步信息后，推广更为详细的产品信息。然后是建立和消费者之间较为牢固的联系，以建立品牌忠诚。而互联网将这三个阶段合并在一次广告投放中实现：消费者看到网络营销，点击后获得详细信息，并填写用户资料或直接参与广告主的市场活动甚至直接在网上实施购买行为。

三、网络营销的方式

为了有效地提高网络营销效果，同时结合电子商务及服务型企业的运营特点，服务型企业可以使用的网络营销模式一般分为：既定客户和潜在客户两大类。其主要营销方式有：搜索引擎营销、搜索引擎优化、电子邮件营销、即时通信营销、病毒式营销、BBS营销、博客营销、微博营销、微信营销、视频营销、软文营销、体验式微营销、O2O立体营销、自媒体及新媒体营销等。

四、网络营销的典型模型

1.微博营销

微博营销是指通过微博平台为商家、个人等创造价值而执行的一种营销方式，也是指商家或个人通过微博平台发现并满足用户的各类需求的商业行为方式。

2.微信营销

微信营销是网络经济时代企业营销模式的一种创新，是伴随着微信的火热而兴起的一种网络营销方式。微信不存在距离的限制，用户注册微信后，可与周围同样注册的"朋友"形成一种联系，用户订阅自己所需的信息，商家通过提供用户需要的信息，推广自己的产品，从而实现点对点的营销，比较突出的有体验式微营销。

3.软文营销

软文营销，顾名思义，它是相对于硬性广告而言，由企业的市场策划人员或广告公司的文案人员来负责撰写的"文字广告"。与硬广告相比，软文的精妙之处就在于一个"软"字，好似绵里藏针，收而不露，克敌于无形。

等到你发现这是一篇软文的时候，你已经掉入了被精心设计过的"软文广告"陷阱。它追求的是一种春风化雨、润物无声的传播效果。如果说硬广告是干脆、硬朗的少林功夫，那么，软文则是绵里藏针、以柔克刚的武当拳法，软硬兼施、内外兼修，才是最有力的营销手段。

4.体验式微营销

体验式微营销以用户体验为主，以移动互联网为主要沟通平台，配合传统网络媒体和大众媒体，通过有策略、可管理、持续性的O2O线上线下互动沟通，建立、转化和强化顾客关系，实现客户价值的一系列过程。体验式微营销（Experience Micro Marketing）站在消费者的感官（Sense）、情感（Feeling）、思考（Thinking）、行动（Action）、关联（Relation）五个方面，重新定义、设计营销的思考方式。

此种思考方式突破传统上"理性消费者"的假设，认为消费者消费时是理性与感性兼具的，消费者在消费前、消费时、消费后的体验，才是研究消费者行为与企业品牌经营的关键。体验式微营销以SNS、微博、微电影、微信、微视、微生活、微电子商务等为代表，为企业或个人达成传统广告推广形式之外的低成本传播提供了可能。

案例分享11-1

凡客诚品网络营销成功案例

1.体验式营销

一次良好的品牌体验（或一次糟糕的品牌体验）比正面或负面的品牌形象要强有力得多。VANCL凡客诚品采用"VANCL试用啦啦队"，免费获新品BRA——魅力BRA试穿体验活动的策略，用户只需要填写真实信息和邮寄地址，就可以拿到试用装。当消费者试用过VANCL凡客诚品的产品后，那么就会对此作出评价，并且和其他潜在消费者交流，一般情况下交流都是正面的。

2.口碑营销

消费者对潜在消费者的推荐或建议，往往能够促成潜在消费者的购买决策。铺天盖地的广告攻势，媒体逐渐有失公正的公关，已经让消费者对传统媒体广告的信任度下降，口碑传播往往成为最有力的营销策略。

3.网络病毒营销

互联网是消费者学习的最重要的渠道，在新品牌和新产品方面，互联网的重要性第一次排在电视广告前面。

VANCL凡客诚品采用广告联盟的方式，将广告遍布大大小小的网站，因为采用试用的策略，广告的点击率比较高，而其采用了大面积的网络营销，综合营销成本也相对降低，并且营销效果和规模要远胜于传统媒体。

【思考】

互联网对 VANCL 凡客诚品营销最大的促进作用有三方面：降低了营销成本，大幅度加快了品牌占有市场的速度，消费者通过互联网对潜在消费者传播有效的口碑。

就此数据和案例分析而言，网络营销可以引起很多思考，如传统企业如何针对消费者的心态，利用互联网新媒体工具进行有效的营销推广？

资料来源：佚名. 凡客诚品网络营销成功案例分析[EB/OL].（2012-04-29）. http://blog.sina.com.cn/s/blog_9bfceebf0100zjv3.html.

5. O2O 立体营销

O2O 立体营销，是基于线上（Online）、线下（Offline）全媒体深度整合营销，以提升品牌价值转化为导向，运用信息系统移动化，帮助品牌企业打造全方位渠道的立体营销网络，并根据市场大数据（Big Data）分析制定出一整套完善的多维度立体互动营销模式，从而实现大型品牌企业以营销效果为全方位视角，针对受众需求进行多层次分类，选择性地运用报纸、杂志、广播、电视、音像、电影、出版、网络、移动在内的各类传播渠道，以文字、图片、声音、视频、触碰等多元化的形式进行深度互动融合，涵盖视、听、光、形象、触觉等人们接受资讯的全部感官，对受众进行全视角、立体式的营销覆盖，帮助企业打造多渠道、多层次、多元化、多维度、全方位的立体营销网络。

五、微营销的技巧

微营销的核心特征是"微"，在传播的内容、体验、渠道甚至是对象上，都体现出与其他营销最不同的"微"所在。

1. 传播的内容是"微内容"：一句话、一个表情符号、一张图片等。

2. 传播体验是"微动作"：通过简单的按键操作、鼠标点击就能完成选择、评价、投票等功能。

3. 传播渠道是"微介质"：手机、平板电脑等介质作为传播主要渠道。

4. 传播对象是"微受众：尤其在资讯日益碎片化的时代，如何让受众客户容易获得旅游资讯，随时随地能够便捷地获取旅游资讯，这是"微"的好处，即时性优势明显，方便客户及时地获取信息。

六、微信营销的误区及活动策划

1. 微信营销的误区

第一，心态误区，反映在两种心态，如企业产品质量或经营现状良好，不需要微信营销；或急于求成，过度依赖微信营销。

第二，操作误区，表现在许多员工认为，微信营销主要是技术部门的事，与我无关，或只关注微信公众平台软文的阅读量或粉丝数量。

第三，认识误区，认为只有广告没有策略，没有合作。

2.微信营销的两个视角

第一，基础操作，包括个人微信朋友圈做客户深耕服务。

第二，功能操作，包括公众微信号做客户管理服务。

3.企业公众平台的作用

微信服务号，重服务、轻内容，一周发一次内容，发布的内容直接在聊天窗口看到，有定位功能、支付功能。

微信订阅号，重内容、轻服务，一天发一次内容，发布的内容需要做二次点击才能看到。

企业公众平台的作用主要有：企业展示、需求调研、日常互动、引导消费、售后客服、会员管理、用户分析、品牌传播、危机公关。微信公众平台的高效运营，需要组建优秀运营团队并持续跟进用户反馈，如图11-1所示。

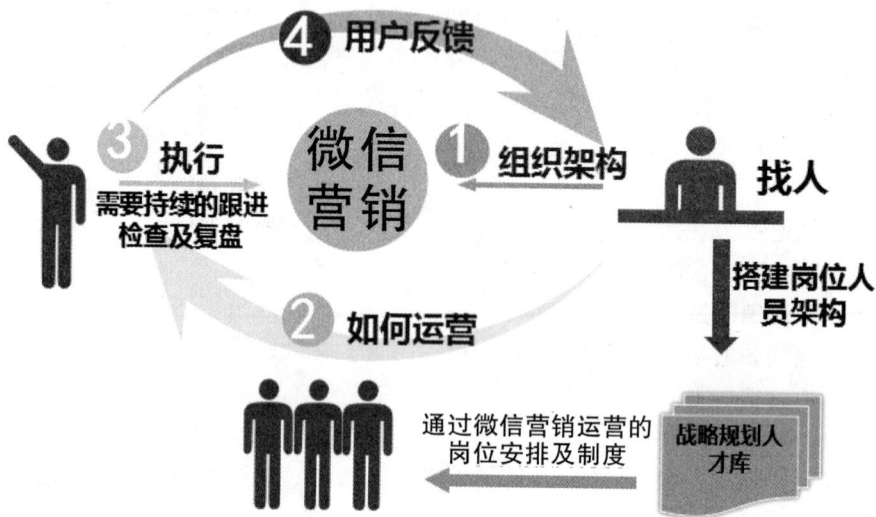

图11-1　微信营销高效运营图

知识点链接11-2——微信营销十二种推广方法

众所周知，由于微信公众平台是无法在手机上登陆，也无法主动添加好友的，所以在微信推广起来比较困难。只能通过不同的其他推广方式来增加微信的曝光度，一般来说，微信营销有十二种推广方法：合作互推、微博大号推广、其他线上推广、小号带大号、基于LBS的推广、摇一摇、漂流瓶、线下推广、活动推广、以号养号、微博图片推广、基于社交应用的推广。

4.微信营销的活动策划

（1）活动的准备及策划

微信营销的策划需要明确活动的目标性，确定活动的负责人，并配合人员及调度人员。

（2）活动方式及工具选择

鼓励异业联盟：如景区与旅行社、景区与酒店、景区与自驾车及摄影协会等。

（3）活动环节的设置

预备期：包括调整预算、活动预热、人员到位、合作伙伴、危机公关准备、物料、文案等。

执行期：包括工作岗位、人员职责、预算控制、物料消耗、效果监控等。

结尾期：包括目标冲刺、激励政策、增值奖励等。

总结期：包括效果评估、预算控制、弥补完善等。

（4）活动的宣传推广大体可分为三个阶段：前期造势、活动期宣传、后续影响力报道。

（5）活动的成本控制。

（6）微信营销活动全程策划的总结。

知识点链接11-3——走出企业活动营销问题和误区的方法

1.活动要有延续性，形成品牌效应。

2.避免同质化，最简单的活动也要有看点。

3.充分运用新技术、新媒体。

4.强化消费者的参与体验。

项目小结

◎核心概念：网络营销概念；网络营销的特点及作用；网络营销的方式；网络营销的典型模式；微营销运用技巧。

1.网络营销概念：网络营销是以企业实际经营为背景，以网络营销实践应用为基础，从而达到一定营销目的的营销活动。

2.网络营销的特点及作用：网络营销具有成本低、速度快、更改灵活的特点。消费者看到网络营销，点击后获得详细信息，并填写用户资料或直接参与广告主的市场活动甚至直接在网上实施购买行为。

3.网络营销的方式：搜索引擎营销、搜索引擎优化、电子邮件营销、即时通信营销、病毒式营销、BBS营销、博客营销、微博营销、微信营销、视频营销、软文营销、体验式微营销、O2O立体营销、自媒体及新媒体营销等。

4.微营销运用技巧：微传播的核心特征是"微"，在传播的内容、体验、渠道甚至是对象上，都体现出与其他营销最不同的"微"所在。

5.微信营销的误区：心态误区、操作误区、认识误区。

挑战自我

活动名称：个人微信朋友圈的操作技巧

活动类型：微信营销

参加人数：不限

活动时间：15分钟

活动材料：个人手机

场地要求：会议室

活动目的：

❖培养学员的微信优化、策划能力。

❖培养学员的创新、创意能力。

❖培养学员个人微信朋友圈的操作技巧。

操作程序：

1.设置个人微信昵称：例如，名字+企业/行业+职位。

2.头像：通过现场自拍，选定并编辑头像。

3.推送1份心灵鸡汤或企业产品文案：注意选材、营销频率、显示地理位置等。

4.10分钟后，评比点赞及转发情况，选取优秀作品分享、交流。

相关讨论：

1.朋友圈图片分享技巧讨论

（1）分享：即时化，营销刷频次数一天最多不超过3~5次；

（2）聚粉（用户、分销）：粉丝级别有普通粉丝和明星粉丝（大V）；

（3）学习：跟随一个机构或专家系统学习营销技巧。

2.微信软文写作流程

确定目标、收集资料、设计标题、写好开头、装填内容、多次引导行动、结尾。

3.微信方案写作技巧

（1）了解自己的业务、产品、服务及客户。

（2）把资料进行有机的组合和编辑。

（3）刚开始要避免完美主义。

（4）写得越多，就会变得越容易。

（5）修改三次以上。

（6）人性化、情感化、对方角度是写好文案的诀窍之一。

Ⓥ**拓展空间**

以"大数据"撬动杭州智慧城市建设

要想成为国际化都市，与发达国家进一步接轨，少不了"互联网+"在城市居民生活中的应用和渗透。

日前，杭州印发《杭州市推进智慧城管建设运行工作实施方案的通知》，力推"智慧城管"建设。今后，像哪里可以停车、最近的公共自行车租赁点在哪里等这些平时让人"头疼"的事，只要看看手机，都能得到答案。在"智慧城管"里，城市管理日常运行管理平台将主要完成4个重点智慧项目建设：智慧停车、智慧排水、智慧街面管控和智慧亮灯。

近年来，浙江通过加快发展信息经济、智慧应用，打造智慧城市。2016年，全国首个法院移动端查询系统在浙江正式上线。通过这个系统，使用者可以随时、随地用手机查询浙江省高院、11个地市中院和全省各区县市法院的审判流程、裁判文书和执行信息。未来，这个系统将成为微信"智慧城市服务"的主要功能之一。

智慧高速2013年投入运行，目前总车流量以每年15%的速度在增加，拥堵时间同比下降了21个小时，事故率下降了10%以上。

目前，智慧公共自行车租赁系统也已经在桐乡实施，市民只要一刷手机，就能轻松地租、还公共自行车。

未来，"智慧停车""智慧街道"等关乎生活方方面面的智慧化城市服务都将一一成为现实。据统计，目前我国"智慧城市"试点数量已接近300个，未来10年与"智慧城市"相关的投资有望达到2万亿元。

而浙江早已嗅到这一机遇，作为全国"智慧城市"建设试点省份，早在4年前，浙江省委省政府就把开展"智慧城市"建设试点作为今后一个时期培育发展战略性新兴产业的一项重要任务。2016年6月，浙江又进一步启动了"智慧城市"标准化5年行动，要求到2019年基本形成"智慧交通""智慧电网""智慧物流""智慧健康"等智慧城市应用领域标准体系，建设完成首个国家"智慧城市"领域技术标准重点创新基地，搭建国内首个"智慧城市"标准云服务平台。

资料来源：董洁.杭州以国际化姿态迎接G20　浙江"智慧城市"建设渐入佳境[EB/OL].（2015-11-16）. http://zjnews.zjol.com.cn/system/2015/11/15/020914150.shtml.

【思考】请结合本案例分析，杭州是如何以"智慧城市"建设，让城市国际化建设渐入佳境？结合自身的体验，谈谈对城市"智慧交通""智慧电网""智慧物流""智慧健康"等智慧城市应用领域的看法。

第五篇　管理人员内训篇

项目十二　内部培训课程开发与设计

项目导言

现代企业的竞争归根结底体现在人力资源的竞争上。培训作为人力资源开发与获取的重要手段，被越来越多的企业视为一种有价值的投资行为，已成为现代企业生产经营活动中不可或缺的一个环节。在激烈的市场竞争中，培训是企业与员工共同成长的支撑力，是打造和保持企业核心竞争力的重要途径，对企业的生存和发展起着至关重要的作用。一般来讲，企业都希望通过培训达到以下的目的。一是提高企业的绩效水平；二是提高员工的绩效水平、个人能力，培养员工积极的工作态度；三是增强企业凝聚力和提高员工满意度。

因此，如何建设一套以现代人力资源管理理念为基础，以企业实际需要为出发点的行之有效的培训管理体系和内部培训课程，成为企业必须思考的问题。

项目目标

◎认知TTT职业导论；
◎掌握影响学习效率和学习方式的三大因素；
◎掌握成年人学习的四大关键原则；
◎了解优秀的培训师应具备的素质；
◎清楚培训教案设计；
◎能理解内部培训课程开发对企业发展的重要意义。

互动导入

张野是一名企业管理专业的大学毕业生，他在大二时参加了一次管理顾问公司组织的培训课程，培训师生动活泼的讲课方式、与学生充分的互动以及隐含深意的小游戏深深地打动了小张，从此他就喜欢上了培训。除了专业课程以外他选修了许多培训管理的课程，并有意识地收集国内外知名企业的培训管理实例。在大三和大四期间，小张通过努力在一些公司的人力资源部获得了几次实习机会，这使他见识到了培训管理在企业中的实际运行状况。

毕业以后，小张就一直在寻找机会，希望能从事自己热爱的培训管理工作。在一次招聘会上，小张见到了瑞智达房地产开发公司招聘培训主管的广告。瑞智达公司规模的扩大和培训需求的不断增加使得瑞智达公司的培训工作量越来越多，原有的培训体系逐渐不能满足现在的培训需求。人力资源部决定招聘专职的培训主管，进一步规范培训管理，使公司的培训工作能够更上一层楼。

小张和20多位竞争者一起应聘培训主管的职位。通过初试、笔试和面试。他脱颖而出，以综合实力第一的成绩进入瑞智达公司的人力资源部。接到录取通知时，小张非常兴奋，一方面，经过自己多年的努力，终于能够从事培训管理了；另一方面，他进入的瑞智达公司是一家重视培训，而且培训效果很好的公司，这很重要。小张知道，在许多企业中，培训经常被认为是花钱买人心的妙方。一些管理者把培训作为发放给员工的福利，公司效益好，就多发点；效益不好，首先砍掉的"多余支出"就是培训经费。而有的公司呢，培训是"头疼医头，脚疼医脚"，并且希望能立竿见影，这些使培训主管非常难做。小张相信，在瑞智达公司这样的问题一定会少很多，自己的工作会顺利不少。

在结束了新员工入职培训之后，小张正式开始了培训主管的工作。在人力资源部的第一天，人力资源部经理和小张进行了一次入职面谈。

经理："小张，你刚刚结束了新员工入职培训，从培训管理的角度看，你觉得我们的入职培训怎么样？"

小张："非常好！无论是从内容安排还是从课程组织上，我都受益匪浅。我对公司有了比较全面的了解，尤其是对公司的价值观和未来发展有了很清晰的认识，我觉得很幸运能进入这样一家公司，现在非常希望尽快投入到工作中去。"

经理："很好。不过，你现在是作为被培训的人来看入职培训的。而以后呢，入职培训管理就是你的工作内容了。'外行看热闹，内行看门道'，我希望你能从培训管理的角度总结一下你参加的这次培训，同时也可以给这次培训挑挑毛病。这个总结你写好了先放着，等你自己独立完成一次入职培训后，再看看现在的总结，比较一下你的看法有什么不同。"

资料来源：王燕．培训管理实务［M］．北京：中国物资出版社，2010.

互动问题

人力资源是企业的核心竞争力，这个观念已经被绝大多数企业所接受。越来越多的企业都把自己的人力资本作为企业长远发展的重要源泉。

请大家根据以上案例进行现场研讨，并思考两方面问题：

（1）案例中小张是如何通过自身的努力，成功入职瑞智达公司的？

（2）请结合自身的工作实际，针对内部培训课程开发，谈一谈对"外行看热闹，内行看门道"这句话的理解。

学一学

一、TTT职业导论

1.有关培训与学习的"是与非"

培训与学习关键术语是"教育"。你可能已经察觉到，与"培训"和"指导"相比，"教育"的词义涵盖范围更广，所指时间更长，而培训和指导的时间短，关注范围狭窄。"教育"包括积累各种经验并高度总结学到的原则和内容，与学习明确的知识点相比，更多的是从榜样的行为中进行信息提取和学习。教育的目的是建立整体性的心智模型和价值体系。

培训、指导和教育都着眼于使学习者获得知识和技能，每一种活动又以其独特的方式帮助人们学习，但三种活动并不是完全独立的，可以将它们综合运用。这样，即使在培训某项特定的行为时，我们也能通过观点和事例对学习者进行教育。

互动活动12-1

1.请根据自己的想法判断表12-1中的12个观点的真伪和是非。

表12-1   12个观点判断

序号	观点	判断
1	一般来说，某一方面做得出色的专家明白自己在做什么，而且是传授工作技能的最佳人选	
2	有些学习者更倾向于使用视觉，有些则更倾向于使用听觉，这是有效学习的关键	
3	培训方式越令人享受，学习效果就越好	
4	在同样条件下，不同的培训媒介是影响学习效果的最主要因素	
5	与研究别人想出来的解决方法相比，完全靠自己思考可以得到更好的问题解决方法	
6	讲授给学习者的内容越多，他们获得的知识越多	
7	设计出色的培训项目可以弥补差劲的执行计划	
8	技术是未来在职学习的成功关键	
9	工作表现不好大多数是由于缺少必需的技能和知识	
10	培训中的成功表现通常意味着不错的工作表现	
11	为了促进培训成果向工作表现的转化，首先应注意到培训之后的情况	
12	古老的常识是科学的朋友，遵循传统观点可以确保培训的质量	

2．表12-2是一个关于"我什么时候学得最好"的调查。

表12-2　　　　　　　　　**关于"我什么时候学得最好"的调查**

A	B
有人懂得我所不懂的知识，当他们向我解释和描述这些知识的时候	有人懂得我所不懂的知识，当我和他们对话或讨论的时候
我观察别人的演示的时候	我参与演示并进行尝试的时候
我为了组织而进行研究的时候	我为了自己而进行研究的时候
学习内容很多，很详细	学习内容得到简化并且具备一定意义的时候
呈现给我的东西按照其内容的逻辑顺序进行组织的时候	呈现给我的东西按照我学习方式的逻辑顺序进行组织的时候
有人为我展示如何去做的时候	需要我自己尝试如何去做的时候
我参加了长期的学习课程	我参加了短期的学习课程
我在正式的指导下学习的时候	我在非正式的探讨中学习的时候
别人告诉我事物的原理的时候	我自己探索事物的原理的时候
人们在自己学习的时候希望采用B栏的方法，但是在帮助别人学习的时候却常常会按照A栏的方法。	

2.学习的定义

学习，是指通过阅读、听讲、思考、研究、实践等途径获得知识或技能的过程。狭义上的学习，是通过阅读、听讲、研究、观察、理解、探索、实验、实践等手段获得知识或技能的过程，是一种使个体可以得到持续变化（知识和技能，方法与过程，情感与价值的改善和升华）的行为方式。广义上的学习，是人在生活过程中，通过获得经验而产生的行为或行为潜能相对持久的行为方式。培训学习则是一种变化和适应的过程，其变化与适应过程案例，见表12-3。

表12-3　　　　　　　　　**培训学习的变化与适应过程案例**

观点	判断
课程1：培训结束后，受训者一想起培训师是如何向他们介绍新产品的，就忍俊不禁。他们认为培训师机智幽默，课程设计非常有趣，很长一段时间都忘不了她	受训者记住了一位风趣的培训师
课程2：培训结束后，受训者带回去很多产品手册，他们认为不久就得跟很多新产品打交道了	受训者对新产品的数量印象深刻
课程3：受训者有能力完成培训前无法做到的两件事——安排部署新产品，销售新产品给客户	受训者有了销售能力上的提高

3.学习方式

人通过感官获取信息，其中信息获取率最高为视觉、其次为听觉，见表12-4。人类具有选择性地过滤和接受环境信息的功能，自动忽略或者删除无用和不相关的感觉信息。在培训中，如果学习者潜意识中觉得培训内容并不能满足其需要，自主神经系统就可能把培训内容过滤掉，以至于什么也学不到。例如，当你全身心投入某一项事情时，你能觉察到身上所穿衣服对你身体的每一下摩擦吗？你能捕捉周围环境中的每一种声音吗？当你全神贯注的时候，噪音是否就消退了呢？

表12-4　　　　　　　　　　培训学习中感官获取信息情况

感觉	信息百分比
味觉	1.0%
触觉	1.5%
嗅觉	3.5%
听觉	11%
视觉	83%

如图12-1所示，我们通过短期记忆与长期记忆，进行对信息的收集，学习与巩固。

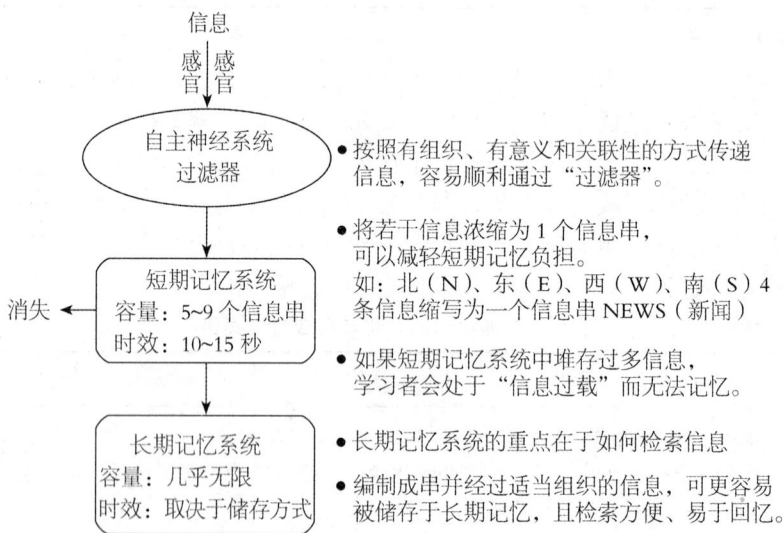

图12-1　短期记忆系统与长期记忆系统

知识点链接12-1——帮助学习者学习的六种方法与策略

学习者学习的六种方法包括分类、空间化、预先组织、多元化比较、重复、记忆助手，其对应的学习策略，见表12-5。

表12-5　　　　　　　　　　**学习者学习的六种方法与策略**

方法	策略
分类	组织信息，使其更易于感知、理解、记忆和回想
空间化	信息视觉化，将信息要素进行空间罗列，帮助学习者看到事物之间的联系
预先组织	对学习内容进行预先组织并附上简短介绍信息，帮助学习者理解新知识与旧
多元化比较	通过推理、隐喻等多元化比较手段在新旧知识间架设桥梁
重复	通过强化和练习帮助学习者记忆知识，直至牢牢记住为止
记忆助手	利用容易记住的字、词或图像帮助学习者记忆和检索复杂信息

4.影响学习效率和学习方式的三大因素

教学研究统计资料表明，对于绝大多数学习者来说，学习的好坏，20%与智力因素相关，80%与非智力因素相关，而在信心、意志、习惯、兴趣、性格等非智力因素中，习惯又占有重要位置。影响学习效率和学习方式的三大重要因素是能力、知识背景、动机（价值、信心、情绪），见表12-6。

表12-6　　　　　　　　　　**影响学习效率和学习方式的三大因素**

三大因素	影响内容
能力	调整学习时间； 为有需要的学习者提供更多的实践机会； 为遇到学习困难的人简化学习内容，将其分成较小的信息串； 为有需要的学习者提供额外的支持和帮助； 为学得比较快的人提供更具挑战性的练习
知识背景	开展正式培训前的准备课程，弥补学习者知识背景的不足； 在正式培训之前或之中举行特别的补充课程和活动； 让学习者结对或者组成团队，互相帮助和支持； 以大纲或概览表格的形式回顾和总结课前准备的内容； 鼓励学习者访问相关网站以弥补知识和技能方面的不足
动机 （价值、信心、 情绪）	强调所学内容的价值，向学习者展示他们需要的东西，如哪些知识对其有用，他们崇拜的成功人士是如何重视这些内容的；学习者越是在学习内容中发现其个人价值，其动机就越强烈； 根据所学内容调整学习者的自信水平，帮助他们建立信心，相信自己能学会，但也要让其接受足够挑战，避免自信过度； 创造积极的学习氛围，气氛越活跃乐观，学习者的心态越开放积极，进而增强其动机，提高学习效率

互动活动 12-2——数字挑战

给你60秒时间，记住以下由17个数字组成的数列，错一个数字，就会引爆炸弹，请给自己计时。准备好了吗？开始！

7 3 2 0 0 2 3 9 4 1 0 1 2 4 5 6 6

现在，把数列遮盖起来，再给自己30秒时间，在下面的方框里按顺序写下17个数字，不许出错。开始！

上述题目，你回答得如何？这道题对你来说难度如何？实际上，大部分人都不会完成任务，特别是在给他们时间压力的情况下。我们是否有办法简单化这项任务呢？请再看一次这些数字：

7 3 2 0 0 2 3 9 4 1 0 1 2 4 5 6 6

下述故事与这些数字密切相关，请认真阅读。

"7个小矮人遇到了3头小猪，时间是2002年，地点是距离一个4条路交叉的十字路口39步远的地方。突然，他们遭到了101只斑点狗的攻击。小矮人和小猪分别用自己的2条腿和4只蹄子拼命地跑啊跑，逃离了包围圈。大家伸出5个指头互相庆贺，然后继续走在66号公路上。"

记忆数字的时候，请再次读一遍故事，读两遍故事需要用上大约60秒。现在，请再将数字遮盖起来，用30秒时间——不能再多了——在下面的方框里默写出这个数列。开始！

这次你完成得如何？据我们对各种类型的学习者所做的实验表明，大部分人能借助故事更好地记住数字。可见学习并非易事，特别是人为加大学习难度的时候。

资料来源：斯托洛维奇，吉普斯. 交互式培训，让学习过程变得积极愉悦的成人培训新方法[M]. 派力，译.北京：企业管理出版社，2012.

5.成年人学习的四大关键原则

成年人由于人生经验较为丰富，思想比较复杂，对学习的要求，无论是学习的内容、教学的方法、学习的目的以及能否达到、怎样达到等，都要经过仔细辨别和思考。成人对学习的要求和期望较高，其学习的四大关键原则：自愿、经验、自主、行动，其对应的内容，见表12-7。

表12-7　　　　　　　　　　**成年人学习的四大关键原则**

四大关键原则	内容
自愿	用事实证明用所学知识可以解决或避免学习者可能遇到的某个问题； 为学习者提供一个尝试的机会； 让学习者看到通过学习可以得到职业领域和个人方面的发展
经验	调查学习者的情况（能力、心态、文化、知识基础、技能背景、学习和语言偏好、相关的强项和弱项），不要把课程内容设定得太难或太简单，使其失去兴趣，更不要采取其不能接受的培训方式； 使用的词汇、语言风格、事例和参考资料应该是学习者熟悉的； 从学习者中取得事例和经验，从而丰富课程内容，在新知识和旧知识之间架设桥梁
自主	给学习者创造大量机会，使其真正参与到培训课程中，为其提供各种练习、实践、案例、激励、游戏和讨论的机会； 给学习者创造大量机会，请他们与大家分享自己的观点、建议、解决方案、信息和事例，他们贡献得越多，就越能融入学习过程中； 认可和提倡有创新性的观点，对这些观点的褒奖可以鼓励学习者根据自己的潜力打造独特、有效的学习方法
行动	行动原则的底线是"如果你不使用它，就会忘记它"； 为学习者指出如何立刻把所学内容运用到工作中； 在培训中提供机会让学习者在与其工作环境相似的条件下实践学到的新知识； 确保新知识能够用于工作或生活，提供反馈、激励和资源支持，对学习成果予以褒奖

6.有效培训的六大要素

有效培训的六大要素，如图12-2所示。

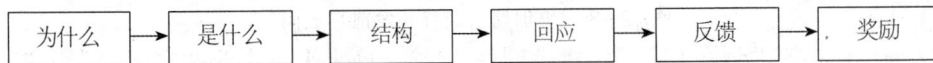

为什么 → 是什么 → 结构 → 回应 → 反馈 → 奖励

图12-2　有效培训的六大要素

二、优秀培训师应具备的素质

成为优秀培训师有两个秘籍：第一，以学习者为中心、以绩效为基础；第二，培训和改变学习者。具体而言，优秀培训师应具有以下素质：

1.优秀培训师应具备相关的知识和经验

第一，与培训相关的知识，如培训的基本理念、培训工作的内容、培训的流程等。

第二，与培训课程相关的知识，如现场管理、财务管理、沟通与激励、培训与指导等。

第三，实际的工作经验。

第四，促进培训、激发学习者学习的经验和能力。

2.优秀培训师应具备关心并随时提供帮助的态度

第一，自信，愿意帮助学员解决困难。

第二，热情，富有同情心。

第三，积极，善于提问并机智地回答问题。

第四，健康，保持良好的精神状态。

第五，务实，培训形式与内容符合学员的实际需求。

3.优秀培训师应具备培训课程的设计与讲授技能

第一，技术，主要包括教学设备的使用、课件的制作、培训需求分析、培训评估。

第二，能力，主要包括表达能力、沟通能力、写作能力、分析能力、倾听能力等。

第三，技巧，包括培训游戏、培训故事、引导讨论、控制培训时间等方面的技巧。

三、寻找培训利益诉求点与目标

培训前（课程开发前）需要有五问，包括培训背景、学员情况、培训目标、培训内容、培训方式，如图12-3所示。

| 背景 | 学员 | 目标 | 内容 | 方式 |

图12-3　培训前（课程开发前）五问

培训前还需要以价值线、问题线为突破口，确定来自企业或客户的真实需求及来自员工内、外职业生涯的迫切需要，从而对培训目标做到清晰梳理及确定，如图12-4所示。

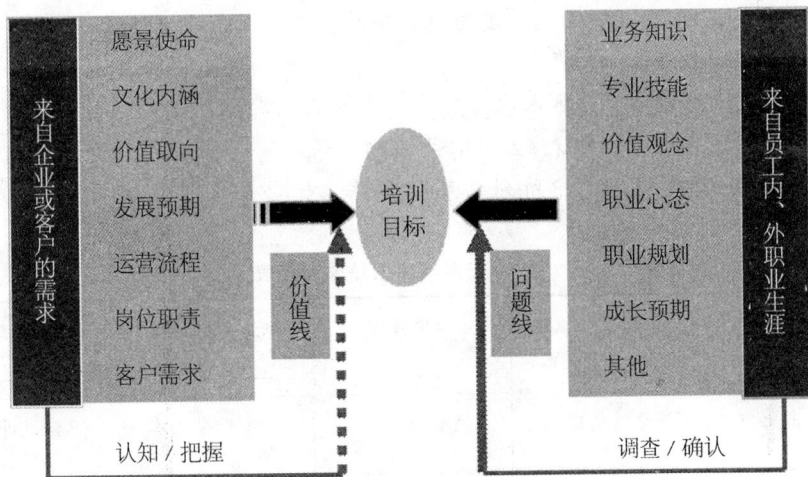

图12-4 培训目标的确定

互动活动12-3——配对（宾果）游戏

活动类型：破冰船

参加人数：不限

活动时间：20分钟

活动材料：配对卡（每人一张）

场地要求：会议室

活动目的：

❖让学员都活动起来。

❖让学员互相熟悉，结识新朋友。

❖调节课堂气氛。

1．用事先准备好的配对卡或配对表（请参照样张），请每位学员在房间里寻找与自己配对卡上描述相符的人，并在卡中相应的位置上签名。

2．记住：每位学员的名字在每个人的卡上只能使用一次，包括自己的名字。

3．完成的人请大叫一声"宾果"。

4．如果讲师事先宣布："最先将配对卡填完并能在后来证实内容与签名者真实状况相符合的将有大奖。"游戏会做得更激烈。

5．讲师在事先准备配对卡时，可以根据学员实际人数确定配对卡的对数。

编者提示：

此游戏是培训师常用的游戏之一，因此很有可能有的学员已有做过这个游戏的经历。为保证游戏效果，请培训师在设计配对（宾果）卡的内容方面进行适当创新，根据每次培训的实际情况做些修改。让学员觉得新鲜有趣。

样张如下：

配对（宾果）卡

说明：

每一个空栏处都标有出席本次_____（会议，聚会，研究会等）的成员的特点，请在所有成员中寻找与表12-8中条件相符的人。如果找到，请他们在相关位置签名。（可能有人符合卡中所列的几项条件，但每个人只能在一张表中签名一次。）

表12-8   配对（宾果）卡对应表

爱打羽毛球	穿红色衣服	喜爱篮球	担任部门经理	喜欢旅行
————	————	————	————	————
骑自行车上班	讨厌足球	喜欢踢足球	喜爱开摩托车	会说外文
————	————	————	————	————
爱弹钢琴	养金鱼	独身	爱跳舞	穿牛仔裤
————	————	————	————	————
一头长发	讨厌吃榴莲	有两个孩子	喜欢游泳	曾受到过表彰
————	————	————	————	————
新员工	拥有驾照	戴眼镜	读人民日报	曾到过其他国家
————	————	————	————	————

四、培训教案设计

1.培训素材、案例的搜集

培训应该注重全脑教育素材、案例搜集，全脑（指左脑、右脑和间脑）功能开发、全人教育教学。以"终身学习和终身发展"的育人、发展人、提高人的综合素质的全人教育为中心的教学模式，树立教育是为了"整体的人"的发展的教学观念。全脑教育，需要全脑出击，通过素材、案例调动学员的积极性，具体做法如下：

第一，寻找软件技术：教学设备的辅助、课件的制作工具、培训需求分析渠道、培训互动手段。

第二，培养搜集能力：无意识至有意识的过程。

第三，重点搜索：培训图片、游戏、故事、引导方法、控制培训时间技巧、PPT制作模板等。

2.资料搜集的渠道

资料搜集的渠道，主要包括如下方面：

第一，国家、行业和相关培训的政策法规。

第二，企业岗位培训的规范化要求。

第三，企业产业和产品结构调整对新岗位、新工种、新技术的需求。

第四，企业开发新产品、技术引进、技术改造、改善经营管理的需求。

第五，预测企业参与市场竞争的潜在需求。

第六，企业对提高员工科学文化素质的长远规划和近期计划。

第七，受训人员的思想、知识、能力状况。

第八，实施本课程体系所需要的师资、设备、器材、图书资料的情况。

第九，国内外、行业内外关于本课程体系中有关课程的最新动态。

3.常用教案设计工具及参考

第一，图片处理工具，如美图秀秀等。

第二，资料搜集渠道，如百度文库、豆丁网等。

第三，方法工具，如思维导图等。

第四，PPT制作参考，如查阅锐普PPT论坛等。

互动活动12-4——你能用一首歌的名字来回答这些问题吗？

活动类型：音乐寻找

参加人数：不限

活动时间：15分钟

活动材料：A4纸（备用）、电脑或手机

场地要求：会议室

请将与问题对应的歌名填入表12-9中。

表12-9　　　　　　　　　　　　　　　问题及歌名对应表

问题	歌名
你多久洗一次澡？	
六一节快乐吗？	
你每天几点钟起床？	
今天天气怎么样？	
你是谁？	
请通过互联网搜索工具，寻找对应音乐的歌名，用于回答问题	

项目小结

◎核心概念：TTT职业导论；学习；培训利益诉求点与目标；培训教案设计。

1.影响学习效率和学习方式的三大因素：能力、知识背景、动机。

2.成年人学习的四大关键原则：自愿、经验、自主、行动。

3.优秀的培训师应具备的素质：具备相关知识和经验、具备关心并随时提供帮助的态度、培训课程的设计与讲授技能。

4.培训教案设计：培训素材、案例的搜集；资料搜集的渠道；常用教案设计工具及参考。

挑战自我

活动名称：一杯茶

活动类型：培训培训师

参加人数：不限

活动时间：5分钟

活动材料：杯子、咖啡（茶或水）、托盘

场地要求：会议室

活动目的：

❖让学员们关注课程，不要认为什么都已经知道。

❖打开学员的思路，明确学习新事物时应持的心态。

操作程序：

1.培训师告诉大家他要讲一个故事给全体学员，然后才开始学习的内容。这个故事的名字叫"一杯茶"。

难因是日本一位有名的禅师。有一天，一位游学弟子来向他请教禅的真谛。难因与他聊了一会儿后请他喝茶。他向那弟子的茶杯里不断地注水，水杯满了，他还是在倒，水都溢了出来。弟子感到非常惊讶，问难因："师傅，水已经满了，倒不进去了。"

难因说："你就像这个杯子，早已装满了你自己的意见、判断、思索如果你不把你的杯子倒空，我又如何能告诉你禅的道理呢？"。

2.故事讲完后，引导学员讨论下列问题。

其他可选操作程序

A.不要先说这个故事，看到学员表现出对课程已经知道或曾听说而心不在焉时，再讲这个故事。（这需要较高的技巧，不然可能会惹怒一些学员。）

B.不是平铺直叙地讲述这个故事，而是将这个故事变成一个角色扮演，让事先安排好的学员表演出这个故事。真实的演示能给学员留下深刻的印象。

相关讨论：

❖这个禅宗故事和我们的培训有什么相关之处？

可能答案：讲师的培训工作就像禅师往杯子里注水，如果不把学员脑子里的观念倒空、化解学员的抗拒心态，那么新的知识和技能就不能进入学员的心中。

❖在这个故事中，最重要的基本概念是什么？

引导方向/游戏总结：要想学习新的知识，必须有虚怀若谷的心态。学习的结果取决于讲师和学员双方，而非仅某一方。

√ **拓展空间**

培训师的六度成长空间

对于职场新任培训师来说，最好的投资就是投资自己，只有让自己变强大，才能够适应培训师工作，只有自己成长了，才会有更好的机会等待我们。因此，培训师需要从智商级度、情商级度、逆商级度、觉醒程度、期望强度、心灵净度六个方面来提升自己，见表12-10，树立目标，为成为优秀培训师而努力。

表12-10　　　　　　　　　　　**培训师六度成长空间**

培训师六度成长空间		成功六项素质
智商级度	IQ Grade	胜任的能力和智慧
情商级度	EQ Grade	快乐和谐的人际关系
逆商级度	AQ Grade	愈挫愈勇的毅力
觉醒程度	Awakening Degree	自知者明，认识自己
期望强度	Expectation Degree	积极正面的信念
心灵净度	Spiritualization Degree	慷慨无私的心灵

项目十三　TTT-授课技巧分享

项目导言

TTT（Training the Trainer to Train）的英文缩写，就是专门为培训企业各部门主管、内部培训师开设的经典课程。TTT系列课程，最大的目的是为想要走进培训行业的企业员工提供实战、实效的培训工具及发展平台。项目将聚焦于TTT-授课技巧，通过项目的分享与交流，帮助学员在通往培训师的领域里，做得更职业、更专业、更规范；帮助学员领悟TTT的价值，系统吸收TTT授课技巧，找到更精确的职业定位。

项目目标

◎认知培训的概述；

◎掌握企业内训师角色认知与核心观念；

◎掌握培训组织技巧；

◎了解培训师克服紧张感训练技巧；

◎清楚培训师"表演"技巧训练方法。

互动导入

永远都要坐前排

20世纪30年代，在英国一个不出名的小镇里，有一个叫玛格丽特的小姑娘，自小就受到严格的家庭教育。父亲经常向她灌输这样的观点：无论做什么事情都要力争一流，永远做在别人前头，而不能落后于人。"即使是坐公共汽车，你也要永远坐在前排。"父亲从来不允许她说："我不能"或者"太难了"之类的话。

对年幼的孩子来说，他的要求可能太高了，但他的教育在以后的年代里被证明是非常宝贵的。正是因为从小就受到父亲的"残酷"教育，才培养了玛格丽特积极向上的决心和信心。在以后的学习、生活或工作中，她时时牢记父亲的教导，总是抱着一往无前的精神和必胜的信念，尽自己最大地努力克服一切困难，做好每一件事情，事事必争一流，以自己的行动实践着"永远坐在前排"。

玛格丽特上大学时，学校要求五年结业的拉丁文课程。她凭着自己顽强的毅力和拼搏精神，硬是在一年内全部学完了。令人难以置信的是，她的考试成绩竟然名列前茅。

其实，玛格丽特不光是在学业上出类拔萃，她在体育、音乐、演讲及学校的其他活动方面也都一直走在前列，是学生中的佼佼者。当年她所在学校的校长评价她说："她无疑是我们建校以来最优秀的学生，她总是雄心勃勃，每件事情都做得很出色。"

正因为如此，四十多年以后，英国乃至整个欧洲政坛上才出现了一颗耀眼的明星，她就是连续四年当选保守党领袖，并于1979年成为英国第一位女首相，雄踞政坛长达11年之久，被世界政坛誉为"铁娘子"的玛格丽特·撒切尔夫人。

"永远坐在前排"是一种积极的人生态度，激发你一往无前的勇气和争创一流的精神。在这个世界上，想坐前排的人不少，真正能够坐在"前排"的却总是不多。许多人之所以不能坐到"前排"，就是因为他们把"坐在前排"仅仅当成一种人生理想，而没有采取具体行动。

资料来源：根据相关资料整理。

互动问题

一位哲人说过：无论做什么事情，你的态度决定你的高度。撒切尔夫人的父亲对孩子的教育给了我们深刻的启示。

如果你是培训师，而入场的学员都不约而同往后排坐，直到培训开场，第一排依然是空的，请想一想，如何根据玛格丽特·撒切尔夫人"永远坐在前排"的案例进行现场互动，引导后排的学员坐到"前排"？

学一学

一、关注问题

作为培训师应该在培训准备期间，重点关注如下问题：

1.我想做培训师吗？

2.我能做培训师吗？

3.我要做培训师吗？

4.上台紧张不能很好地展现自我？

5.不知最基本的台上礼仪和规范？

6.不知如何调动学员的参与性？

7.不知如何掌控课堂气氛？

8.内容实用但讲得不精彩？

二、培训的概述

1.培训的定义

培训就是用有效的方法，使特定的一组人，在知识、技能或态度等方面，获得预期改善的过程。培训是一项投资，也是管理的关键环节。

知识点链接13-1——培训的核心内涵

1. 有效的方法：不管用什么方法，一定要有效；

2. 特定的一组人：培训的对象；

3. 知识、技能和态度：培训的着眼点；

4. 获得预期改善：培训的最终目的。

2. 培训与学校教育差别

培训与学校教育相比较，更具时效性、更具实用性、更具知识性、更具延展性。

3. 管理者学会培训的原因

管理者有培训的义务和责任，与此同时，管理者更需要具备培训的能力。

4. 培训是一个系统

（1）培训的十大模块

培训的十大模块包括培训制度、培训规划、课程设置、课程开发、课程教学、师资管理、培训预算、应用管理、绩效评估、反馈改善，如图13-1所示。

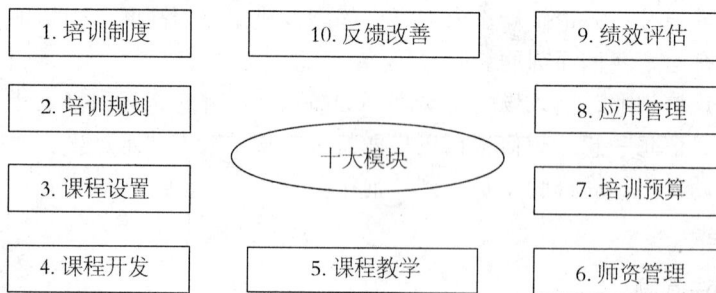

图13-1 培训的十大模块

（2）培训的系统流程

培训的系统流程包括培训的需求分析、课程设计、培训执行、培训评估等流程，尤其是培训需求分析，需要分析培训的原因、培训什么、培训谁等，如图13-2所示。

三、企业内训师角色认知与核心观念

1. 培训师的两大条件与三大能力

（1）培训师两大条件

培训师需要具备两大条件，包括有"料"和"料"转化。有"料"，指对专业精通，"料"转化，是指知识转化。

（2）培训师三大能力

培训师三大能力包括编、导、演，如图13-3所示。

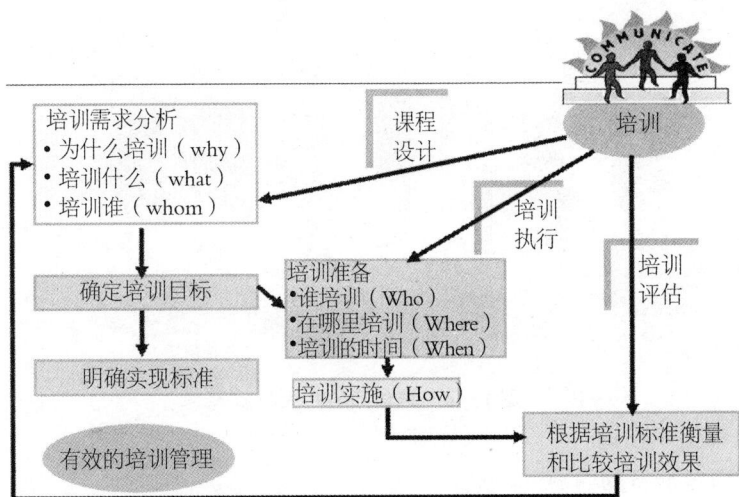

图 13-2　培训的系统流程

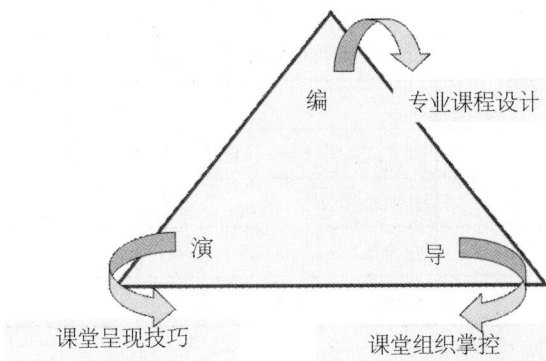

图 13-3　培训师三大能力

第一，专业课程设计（编），是指培训课程开发设计、培训工具的设计与使用。

第二，课堂组织掌控（导），包括开场、结尾的技巧、课堂组织与授课方法训练、提问与回答的技巧、现场应变技巧、如何调动学员情绪等。

第三，课程呈现技巧（演），主要体现在自信训练与克服紧张训练、台上礼仪与规范训练、控场目光训练、发声训练与技巧、态势语言训练、故事风暴精彩呈现等。

2.培训师的四大角色与八大特质

第一，培训师的四大角色，包括管理者与管理角色、训练师与信息角色、顾问师与专家角色、发言人与关系角色。

第二，培训师的八大特质，包括亲和力、敏锐度、表达力、热忱度、幽默度、公正心、专业度、好品德，如图 13-4 所示。

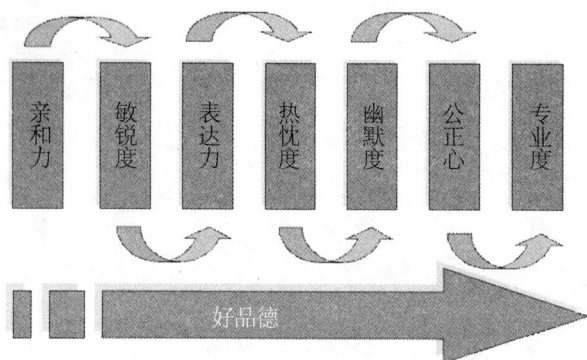

图13-4 培训师的八大特质

四、培训组织技巧

1.培训师要准备的内容

培训师要准备的内容主要包括：健康方面、物品方面、心理方面、课程方面，见表13-1。

表13-1 　　　　　　　　　　　　**培训师要准备的内容**

准备内容	效果
健康方面	休息好、保持良好体力与精力
物品方面	事先检查测试
心理方面	心理预演
课程方面	不断学习、充实

2.培训组织者要准备的内容

第一，教学沟通。教学的沟通包括，首先"教"的沟通，跟执行师资沟通；其次是"学"的沟通，跟受训对象沟通；最后，是跟"主管"领导沟通。

第二，场地布置。场地布置常用的类型主要包括鱼骨式、马蹄形、课桌式、会议式，具体要求如下：

鱼骨式：以学员为中心，互动性强；容易形成小团体，如图13-5所示。

马蹄形：严肃认真；很正式，需有很好的技巧打破僵局；不利于小组讨论与互动，如图13-6所示。

课桌式：座位角度比较统一；以讲师为中心、不利于小组讨论与互动，如图13-7所示。

会议式：正式；以讲师为中心、气氛严肃，如图13-8所示。

第三，物料准备。通常包括签到表、学员手册、课程评估表、白板纸、计时器、培训所需书面资料、课程所需练习纸以及培训道具、白板笔、铅笔、橡皮、培训小礼物、样品。

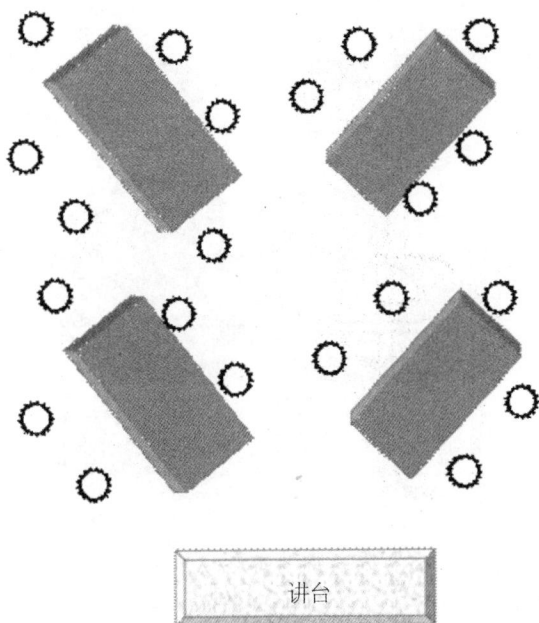

讲台

图 13-5　鱼骨式

讲台

图 13-6　马蹄形

第四，设备检查。通常包括电脑调试（电脑接线、网线是否连接好）、视听器材（DVD、音箱、光碟）、测试投影仪（清晰度、屏幕大小等）、室内的灯光明暗度、空调的温度、茶点、器架等。

图 13-7　课桌式

图 13-8　会议式

第五，是培训的跟踪汇报。

3.培训评估技巧分享

第一，培训考勤，考勤一般在培训现场执行。

第二，培训效果企业方现场反馈。培训现场培训效果调查问卷反馈或课后面谈。

第三，培训课程知识纸笔考核。

第四，培训综合评估及管理跟进建议报告。

第五，日常人事考核跟踪测评：制定跟踪表及周期性访谈诊断。

五、培训师克服紧张感训练

1.认识紧张、做紧张度分析

培训师紧张的原因往往包括自卑、要面子、怕丢人、完美主义、怕学员不认同、没有接受过系统的训练，紧张度的分析，见表13-2。

表13-2　　　　　　　　　　　　**紧张度分析与互动**

紧张度	程度	自我表现
70%以上	重度	
50%以上	中度	
20%以上	轻度	
10%~15%	——	

2.克服紧张的方法

第一，心理疗法，如心理暗示、阿Q胜利法、破罐破摔法等。

第二，控制与减轻，如深呼吸；释放，明确告诉学员自己很紧张；及时向学员坦诚自己的失误；事先多演练、多准备；创造信任、尊敬和友善的课堂气氛；平时多锻炼。

3.克服紧张情绪的六个步骤

六个步骤包括了解会场、虚拟实际、找人聊天、自由活动、按部就班、乒乓交叉，如图13-9所示。

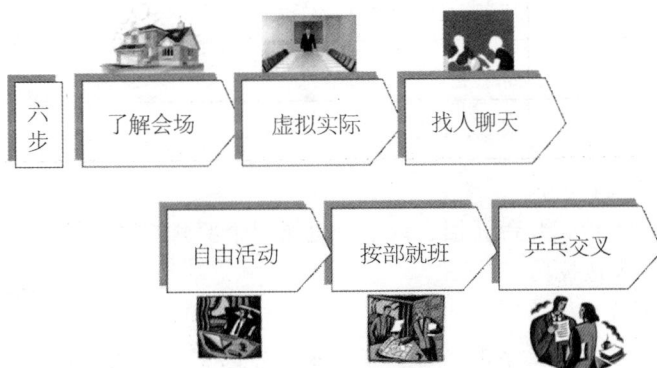

图13-9　培训师克服紧张情绪的六步

4.克服紧张情绪的七诀及关键

培训师克服紧张情绪的包括如下七诀：深呼吸、一麦在手、喝水解困、小小玩物法、强作镇定、依靠屏障（如讲台）。克服紧张情绪的最后关键是，坦白从宽、实事求是。

六、培训师"表演"技巧训练

1.台上礼仪与规范

（1）着装基本要求

着装基本要求分为男性与女性具体要求，见表13-3和表13-4。

表13-3 **男性培训师着装要求**

项目	男性着装要求
西装	深蓝色、深灰色、黑色的套装
衬衣	浅蓝色、白色、淡绿色的长袖衬衣
裤子	深色西裤
领带	条纹的、有反差的、单色的、简单图案的领带
鞋袜	黑色皮鞋、黑色袜子
腰带	黑色腰带

表13-4 **女性培训师着装要求**

项目	女性着装要求
服装	职业套装
袜子	肉色丝袜
鞋子	皮鞋，前不露指后不露跟
首饰	少而精，同色系
化妆	淡妆，口红

（2）培训过程表现技巧

培训过程中上台、开台亮相、台中、退场四个部分的表现技巧，见表13-5。

2.口头语言表达技巧

（1）发声训练与技巧

声音的六要素，包括音准、音量（音量=能量/突破练习）、重音、低音、停顿（语法/强调/特殊）、语速（慢速/中速/快速）。

表 13-5　　　　　　　　　　　　　　培训过程表现技巧

项目	声音	态势	内容
上台	无	抬头挺胸、面带微笑、略微侧身、虚视全场、半程目光、步伐坚定、注意台阶 注意：不要大步上台；绊倒上台（台阶电线） ◆ 持稿 ◆ 听到掌声或音乐再上台 ◆ 与主持人交接，握手 ◆ 手势或鞠躬示意音乐停；站定 ◆ 上台之前检查细节	无
开台亮相	洪亮	站姿：头正、肩平、胸宽、背直，切忌摇晃 ◆ 麦克风 ◆ 三种礼仪目光 ◆ 打招呼三种肢体配合 ◆ 手位 ◆ 讲稿 ◆ 精神饱满	◆ 全面，不要漏人 ◆ 顺序，由大到小，由上级到下级
台中	三要诀 ◆ 定准基调 ◆ 抑扬顿挫 ◆ 把握节奏 二忌讳 ◆ 声音太小 ◆ 语速过快	◆ 身体 3 字要诀：稳、直、挺 ◆ 手势 10 字要诀：适当、自然、协调、正确、到位 ◆ 脚步：适当的走动 ◆ 目光交流：点视、扫视、环视 ◆ 表情丰富，配合语言 ◆ 忌：小动作	◆ 主题明确 ◆ 内容原则：条理性、逻辑性
退场	无	◆ 退场要诀 ◆ 回应听众的掌声，挥手致意或再次鞠躬 ◆ 大忌：慌慌张张	◆ 期望 ◆ 鼓励 ◆ 祝愿

（2）发声训练方法

第一，练声法，包括腹式呼吸、闻花练气、狗喘气、数枣/葫芦、"一四二"呼吸法。

第二，口腔肌肉训练，主要用咬苹果练习、绕口令练习（气息/发音/快口/配合）。

第三，共鸣训练，包括头腔/胸腔/腹腔共鸣训练。

（3）口头表达的要素

口头表达的要素主要表现在引起对方的注意和兴趣、让对方了解话中的意思、使对方边听边接受表达者的主张等三个方面。

（4）提升表达力的方法

第一，先过滤：把要表达的资料过滤、浓缩成几个要点。第二，一次一个：一次表达一个想法、讯息，讲完一个才讲第二个。第三，观念相同：使用双方都能了解的特定字眼、用语。第四，长话短说：要简明、中庸、不多也不少。第五，要确认：要确定对方了解你真正的意思。

（5）无往不胜的说服法

第一，举出具体的实例。第二，提出证据。第三，以数字来说明。第四，运用专家或证人的供词。第五，诉诸对方的视、听、触、嗅、味五种感觉。第六，亲自示范。

（6）善于运用好的口头禅

善于运用好的口头禅，例如，哇！你好厉害哦。哇！太棒了。哇！你真是不简单。哇！你真行。但要注意避免说些负面刺伤别人的口头禅。

3.肢体语言表达技巧

口语沟通是间断的，身体语言的沟通是一个不停息、不间断的过程。身体语言有私密特征，在特定情境中具有别人难以理解的特殊含义；身体语言的速度，可以自己掌握，可快可慢；身体语言可以实现跨文化的沟通；身体语言可以很容易学习，口语学习则不然；身体语言具有简约沟通的特殊功能。

4.演讲与讲故事

（1）演讲的基本要求

第一，内容上要正确、感人。第二，表达方面要顺畅、生动。第三，感情上要朴实、真诚。第四，态势需要自然、得体。

（2）讲故事的技巧

首先，内容上要突出主题。其次，表现形式上要定准基调，符合主题；抑扬顿挫，绘声绘色；肢体语言，模仿夸张；保留对话，进入角色；声情并茂，撼人心魄。再次，需要注意的三个问题：适当提问，增加互动；补白要少，少于二层。用词要口语化、简单化。总之，需要做到言之有物、言之有理、言之有趣、言之有情、言之有慧。最后，要保持持续学习的良好心态。

项目小结

◎核心概念：培训的定义；培训与学校教育的差别；培训的十大模块；培训的系统流程；企业内训师角色认知与核心观念。

1.培训师两大条件：有"料"——专业精通、"料"转化——知识转化。

2.培训师三大能力：专业课程设计（编）、课堂组织掌控（导）、课程呈现技巧（演）。

3.培训师的四大角色：管理者——管理角色、训练师——信息角色、顾问师——专家角色、发言人—关系角色。

4.培训师的八大特质：亲和力、敏锐度、表达力、热忱度、幽默度、公正心、专业度、好品德。

5.培训师准备内容：健康方面、物品方面、心理方面、课程方面。

6.培训组织者准备内容：教学沟通、场地布置、物料准备、设备检查、跟踪汇报。

7.克服紧张感训练：认识紧张、做紧张度分析；克服紧张六步七诀。

挑战自我

活动名称：开场白

活动类型：培训师语言训练

参加人数：不限

活动时间：10分钟

活动材料：A4纸、笔

场地要求：会议室

活动目的：

❖让学员们深度参与培训开发。

❖打开学员的思路，尝试多种开场介绍方式。

操作程序：

假设你是公司的内部培训师，今天准备给公司新招员工做基础培训，请从不同角度与方法，设计及考虑5种不同的开场白，并写在A4纸上。可以现场分组演练优秀开场白，并选择精彩设计稿，公开演示。

相关讨论：

❖开场白1：何不借鉴今天的天气状况做个开场呢？

❖开场白2：透过问句形式的开场互动。

❖开场白3：鼓励学员"永远都要坐前排"。

❖开场白4：分享名人名言。

❖开场白5：谈心式开场白。

引导方向：

要想树立学员的良好印象，开场30秒至3分钟的这段时间非常重要，必须有多种开场准备，根据学员当天情况随机应变，以达到最佳培训效果。

拓展空间

培训师"表演"中易犯的18个错误

1.声音太小。

2.声调一致，缺乏抑扬顿挫，没有节奏感。

3.吐字不清。

4.语速太快。

5.赘词太多，"啊""嗯""这个""那个"。

6.语言烦琐。

7.拿腔作调。

8.重复讲话。

9.基调不准，感情不充分。

10.小动作太多，如手插口袋，摸鼻子，吐舌头，耸肩膀。

11.手势太少，平淡。

12.手势太多，太夸张。

13.手势表达与内容不符。

14.不礼貌的手势或攻击性的手势。

15.站立时，身体摇晃，双肩不平两脚分开过宽。

16.目光交流少，低头看稿或天花板或目光只看一个地方，或眼神乱飘。

17.表情僵硬。

18.慌慌张张退场。

第六篇 培训测评与日常考核

服务型企业员工素质提升培训执行，企业除了引入高水平外聘讲师团队外，更多地会依靠企业内训师队伍，进行常态化培训与反馈、跟踪，故培训测评与日常考核管理，显得尤为重要。本篇参考行业资讯与企业需求，将企业员工培训过程中可能用到的表格、问卷、课程开发、培训跟踪、教案、通知单等13个模板进行详细介绍，以利于企业内训时选择使用。

1. 内训师培训效果调查表（见表1）

表1　　　　　　　　　　　　　　**内训师培训效果调查表**

培训主题										
培训时间					培训地点					
培训讲师										
评价项目	很满意		满意		尚可		不满意		很不满意	
	10分	9分	8分	7分	6分	5分	4分	3分	2分	1分
课程内容评价										
授课内容是否适合您的需要										
本次授课讲解的深浅度										
本次授课重点是否突出										
授课内容是否给了您启发										
授课内容是否易于在实践中运用										
授课内容的总体评价										
培训讲师评价										
授课态度和对学员的关注程度										
授课方式										
现场控制和气氛调节										
表达技巧和讲授能力										

实战经验及解决问题的能力									
理论底蕴及系统思考能力									
授课培训师的总体评价									
培训公司评价									
授课课时的安排									
现场服务态度									
现场服务质量									
您是否继续参加本团队其他培训	（　）是　　　　（　）否								
您是否会把本团队介绍给周围的人	（　）是　　　　（　）否								
您还希望参加哪些培训课程									
您的其他建议或意见									

2.员工培训需求调查（见表2）

表2　　　　　　　　　　　　　　**员工培训需求调查问卷**

您好，为了更有针对性地向您提供优质的培训服务，公司特制作了本次调查问卷，用以增进我们对您的了解。因此，请您协助如实完成下面的表格。谢谢合作！

1.个人背景情况							
姓名			性别	□男□女	年龄	岁	学历程度
工作单位/公司名称					部门		岗位
您以往的培训经历	（1）在过去的1~2年里，您参加的培训课程次数是						
	□0次	□1次		□2次	□3次		□4次及以上
	（2）您所参加的培训课程内容属于						
	□专业技术	□沟通技能		□管理技能	□资格认证		□社交礼仪
	（3）参加完培训后，您认为对您的工作起到什么作用						
	□很大帮助	□有些帮助		□帮助一般	□没什么帮助		□其他
	（4）您认为您参加了培训却没什么效果的原因是						
	□课程陈旧	□老师授课方式单一		□不符合您的需要	□您学习热情不高		□其他

2.培训意愿调查
（1）您在工作中遇到了哪些困惑？希望可以通过培训解决？
（2）您认为培训对于您的工作单位或公司有哪些作用？
□提高公司竞争力　　　　□提高员工对工作单位或公司的归属感、责任感与满意度
□促进工作单位或公司与员工、管理者与下属的沟通，增强向心力
□培训后备管理人员与技术骨干　□其他_____(请填写)
（3）您认为培训对自己有什么用？
□开拓视野　　□提高技能　　□端正工作态度　　□增加知识　　□升职、加薪
□增加了和其他同事的沟通机会　□其他_____(请填写)
（4）您期望的培训周期跨度是
□一周以内　　□2~4周　　　　□5~8周　　　　□8~12周　　　　□12周以上
（5）您期望的培训时间安排是
□周六到周日　　□周五到周六　□随机进行，尽可能的少占用员工的工作时间
□工作日的晚上　□其他时间
（6）您希望每次培训时间为
□45分钟　　　　□90分钟　　　□120分钟　　　□150分钟　　　□180分钟
（7）您喜欢哪些培训形式
□课堂讲授　　□案例分析　　□角色扮演　　□小组研讨　　□游戏活动　　□技术竞赛
（8）您对培训师的资历要求是
□理论技能为主　　□经验技能为主　□理论与经验相结合　□学术权威　　□其他
（9）您喜欢的授课风格是
□轻松活泼型　　□沟通互动型　　□严谨理论型　　□儒雅学者型　　□其他类型
（10）您参加此次培训希望达到的目的有

续表

□更新知识	□改变观念	□提高技能	□吸取经验	□完成任务	□增加交流机会
□共同探讨问题	□增进员工情谊	□加强与领导沟通	□其他目的:		

3.培训需求项目调查

A.通用类课程

课程名称	需求强度					课程名称	需求强度				
	很强	较强	一般	较弱	很弱		很强	较强	一般	较弱	很弱

B.管理类课程

课程名称	需求强度					课程名称	需求强度				
	很强	较强	一般	较弱	很弱		很强	较强	一般	较弱	很弱

C.专业类课程

课程名称	需求强度					课程名称	需求强度				
	很强	较强	一般	较弱	很弱		很强	较强	一般	较弱	很弱

4.根据您的实际情况,您还需要的其他类型培训(请填写)

5.您对我们的培训服务还有什么更好的建议?

谢谢您的合作!

3. 员工系统培训策划书（见表3）

表3   **员工系统培训策划书**

客户公司	
客户公司培训项目负责部门及负责人	
公司培训负责部门及负责人	
培训项目名称	
培训目的	
培训目标	
培训对象	
培训规模	
培训时间	
培训地点	
培训师资	
课程设置	
培训方法	☐ 互动讲授 ☐ 拓展训练 ☐ 角色扮演 ☐ 情景模拟 ☐ 其他＿＿＿＿＿＿＿＿＿＿＿＿＿＿＿
培训评估	☐ 纸笔考核 ☐ 行为考核 ☐ 技能考核 ☐ 调查访谈 ☐ 其他＿＿＿＿＿＿＿＿＿＿＿＿＿＿＿
培训效果	1.证书考核通过率＿＿＿＿＿＿＿＿＿＿＿＿＿＿ 2.课程内容评价＿＿＿＿＿＿＿＿＿＿＿＿＿＿＿ 3.课程师资评价＿＿＿＿＿＿＿＿＿＿＿＿＿＿＿ 4.其他＿＿＿＿＿＿＿＿＿＿＿＿＿＿＿＿＿＿

续表

培训费用	总费用为RMB_____元
培训总结	

项目负责人（签字）

_____

年　　月　　日

4.企业系统内训课程大纲模板（见表4）

表4　　　　　　　　　　　**企业系统内训课程大纲模板**

课程题目			
开班形式		培训时间	
适用对象		培训讲师	
培训形式			
课程收益			
课程内容			
考核方式			
参考资料			

5.课程任务分析表（见表5）

表5　　　　　　　　　　　**课程任务分析表**

课程			
课程任务		代表性学员及其具体工作任务	
任务流程		任务难点	
操作要点（态度、理念、技术、策略等）		学员需要的工具及样例	

6.教案（见表6）

表6
教案

课程			时长	
环节任务	教学的内容与方法	时间分配	教学附件及物料	难点与节奏处理

7.企业案例分析表（见表7）

表7
企业案例分析表

课程名称	
案例标题	
案例启示	
企业内部实例（文字、图片、视频等格式）	
案例分析题(以"协作沟通"为例)	1.案例中的事件涉及我们公司哪些部门？部门间协作出现了什么问题？ 2.如果我们是案例中的当事人×××，遇到部门间协作问题，我们在沟通时会怎么做？ 3. 目前我们工作上的问题，应及时向哪些部门沟通或反馈？休息15分钟，请大家给这些部门打电话

8.学员演练设计表（见表8）

学员演练设计表
表8

第一组	
情境	
任务	
角色指令	角色A：
	角色B：
第二组	
情境	
任务	
角色指令	角色A：
	角色B：
	角色C：
第三组	
情境	
任务	
角色指令	角色A：
	角色B：

9.培训课程安排表（见表9）

表9 培训课程安排表

	星期一 月 日	星期二 月 日	星期三 月 日	星期四 月 日	星期五 月 日	星期六 月 日	星期日 月 日
上午 （8：30 — 11：30）	课程名称： ——— 上课地点： ——— 培训讲师： ———	课程名称： ——— 上课地点： ——— 培训讲师： ———	课程名称： ——— 上课地点： ——— 培训讲师： ———	课程名称： ——— 上课地点： ——— 培训讲师： ———	课程名称： ——— 上课地点： ——— 培训讲师： ———	课程名称： ——— 上课地点： ——— 培训讲师： ———	课程名称： ——— 上课地点： ——— 培训讲师： ———
下午 （14：30 — 17：30）	课程名称： ——— 上课地点： ——— 培训讲师： ———	课程名称： ——— 上课地点： ——— 培训讲师： ———	课程名称： ——— 上课地点： ——— 培训讲师： ———	课程名称： ——— 上课地点： ——— 培训讲师： ———	课程名称： ——— 上课地点： ——— 培训讲师： ———	课程名称： ——— 上课地点： ——— 培训讲师： ———	课程名称： ——— 上课地点： ——— 培训讲师： ———
晚上 （19：30 — 21：30）	课程名称： ——— 上课地点： ——— 培训讲师： ———	课程名称： ——— 上课地点： ——— 培训讲师： ———	课程名称： ——— 上课地点： ——— 培训讲师： ———	课程名称： ——— 上课地点： ——— 培训讲师： ———	课程名称： ——— 上课地点： ——— 培训讲师： ———	课程名称： ——— 上课地点： ——— 培训讲师： ———	课程名称： ——— 上课地点： ——— 培训讲师： ———

10.通知单（见表10）

表10   **培训讲师授课通知单**

_____（培训师）：

现拟安排您负责_____(公司)_____(课程)，具体要求如下：

（1）时间地点：_____

（2）课件要求：_____

（3）其他要求：_____

预祝您工作愉快，圆满完成授课任务！

公司

年　月　日

11.学员听课通知单（见表11）

表11   **学员听课通知单**

现公司安排的_____(公司)_____(课程)的培训通知，具体要求如下：

（1）时间地点：_____

（2）上课要求：_____

（3）其他要求：_____

特此通知！

部门：_____

年　月　日

12.培训效果评估调查表（见表12）

表12 　　　　　　　　　　　　**培训效果评估调查表**

培训课程名称			
培训学员姓名		培训时间	
培训地点		培训讲师	
对于课程内容的评价	您对此次授课内容的总体评价？		
	□ 非常好　　□ 好　　□ 一般　　□ 较差　　□ 差		
	（1）您认为此次授课内容对您的工作实践是否有帮助？		
	□ 非常大　　□ 大　　□ 一般　　□ 较弱　　□ 没有		
	（2）您认为此次授课内容的重点是否突出？		
	□ 非常突出　□ 突出　　□ 一般　　□ 较突出　□ 不突出		
	（3）您认为此次授课内容的新颖性如何？		
	□ 非常好　　□ 好　　□ 一般　　□ 较差　　□ 差		
	（4）您认为此次授课内容的深浅程度如何？		
	□ 非常深　　□ 深　　□ 一般　　□ 较浅　　□ 浅		
	（5）您认为此次授课内容是否适合您？		
	□非常适合　□较适合　□一般　　□不太适合　□完全适合		
	（6）课程结束后，您是否会运用这些内容？		
	□一定会　　□也许会　□看情况　　□可能不会　□完全不会		
对于课程培训师的评价	您对此次授课培训师的总体评价？		
	□ 非常好　　□ 好　　□ 一般　　□ 较差　　□ 差		
	（1）您认为此次授课培训师语音、语调、语速与课程进度的掌握如何？		
	□ 非常好　　□ 好　　□ 一般　　□ 较差　　□ 差		
	（2）您认为此次授课培训师表情与肢体语言的运用情况如何？		
	□ 非常好　　□ 好　　□ 一般　　□ 较差　　□ 差		
	（3）您认为此次授课培训师对于课程主题的把握与逻辑性如何？		
	□ 非常好　　□ 好　　□ 一般　　□ 较差　　□ 差		
	（4）您认为此次授课培训师将课程内容与讨论、活动、游戏的结合效果如何？		
	□ 非常好　　□ 好　　□ 一般　　□ 较差　　□ 差		
	（5）您认为此次授课培训师在授课中实际案例的运用情况如何？		
	□ 非常好　　□ 好　　□ 一般　　□ 较差　　□ 差		
	（6）您认为此次授课培训师对于课堂气氛的把握与调节控制如何？		
	□ 非常好　　□ 好　　□ 一般　　□ 较差　　□ 差		
	（7）您认为此次授课培训师对于学员的提问与建议反馈情况如何？		
	□ 非常好　　□ 好　　□ 一般　　□ 较差　　□ 差		
对于我们培训的评价	（1）您对于此次授课课时的安排感觉如何？		
	□ 太长　　□ 长　　□ 刚好　　□ 短　　□ 太短		
	（2）您对于培训机构的服务、课堂纪律评价如何？		
	□ 非常好　　□ 好　　□ 一般　　□ 较差　　□ 差		
	（3）您会把我们公司的培训项目介绍给您的周围的人吗？		
	□一定会　　□可能会　□看情况　　□不会　　□不知道		
您的其他建议			

13.培训后相关人员跟踪访问表（见表13）

表13　　　　　　　　　　　　　**培训后相关人员跟踪访问表**

受访人姓名			受访人性别	□男　□女	受访人年龄	
受访人工作单位					工作部门	
受访人岗位名称					工作经历	
受访人对本次培训的收获						
本次培训的可取之处						
本次培训的不足之处						
受访人的建议						

主要参考文献

[1] 伍新蕾.服务礼仪与形体训练 [M].大连：东北财经大学出版社，2016.

[2] 黑贝尔斯，威沃尔.有效沟通 [M].李业昆，译.北京：华夏出版社，2003.

[3] 王建华.沟通技巧 [M].北京：电子工业出版社，2009.

[4] 戴玄.星级酒店突发事件处理与案例 [M].北京：中国经济出版社，2013.

[5] 高彩凤.顾客投诉及突发事件应对技巧 [M].北京：中国发展出版社，2009.

[6] 赵申.如何处理客户的投诉 [M].北京：中国经济出版社，2006.

[7] 于虹.企业培训 [M].北京：中国发展出版社，2006.

[8] 王燕.培训管理实务 [M].北京：中国物资出版社，2010.

[9] 苏平.培训师成长手册：课程开发实用技巧与工具 [M].西安：西安交通大学出版社，2010.

[10] 斯托洛维奇，吉普斯.交互式培训：让学习过程变得积极愉悦的成人培训新方法 [M].派力，译.北京：企业管理出版社，2012.

[11] 余世维.职业化团队 [M].北京：机械工业出版社，2007.

[12] 斯特曼，格林尼.团队之美 [M].米全喜，译.北京：机械工业出版社，2010.

[13] 张颖，伍新蕾.旅游市场营销 [M].大连：东北财经大学出版社，2016.

[14] 孙宗虎，姚小凤.员工培训管理实务手册 [M].2版.北京：人民邮电出版社，2009.

[15] 陈海龙，陈赣锋.企业管理培训案例全书 [M].北京：地震出版社，2012.

［16］佚名.最全的培训游戏全集(100个)［EB/OL］.(2015-08-25). http://wenku. baidu.com/link?url=zKloDwzoBLTk6qzHmLa5126P1CoE2IjYVNOAA2A9xyWVeY -aZkpri-2SzWJNsPOpWhF5teUB32y0MO2Q1MugBqsAmJujYc2SMH2GUAg-aPPu.